골프 천재가 된 홍 대리

1

골프 천재가 된 홍 대리 1

김헌 지음

골프채 한 번 못 잡아본 홍 대리,
10일 만에 머리 올리다

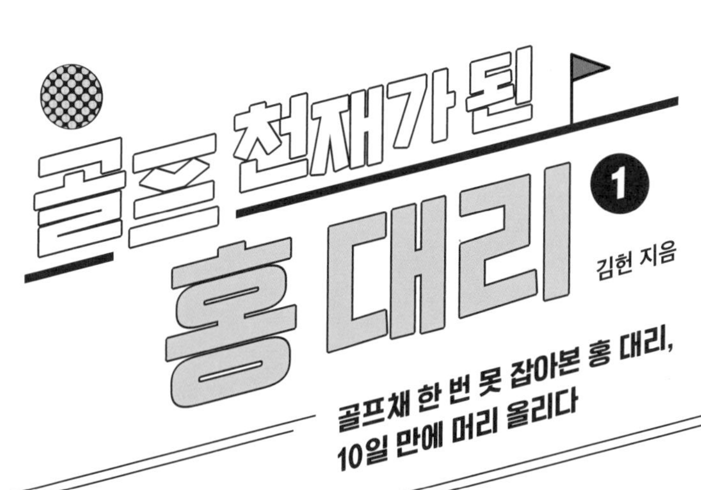

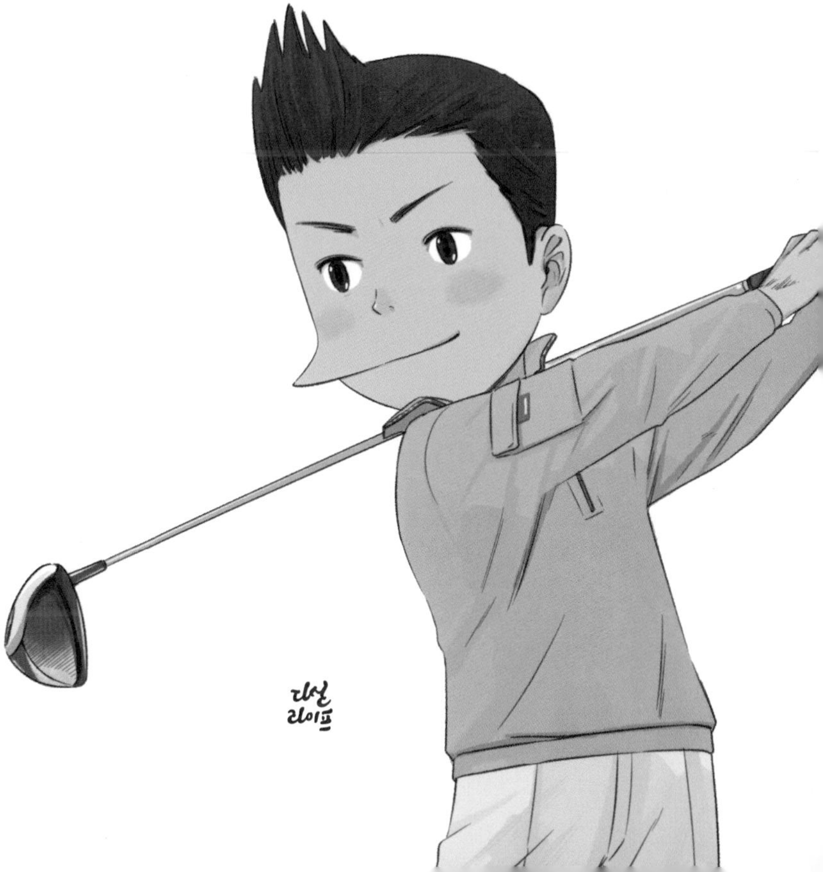

다산라이프

등장인물 소개

• 홍기덕

골프채 한 번 잡아 본 적 없는 철강회사 영업팀 대리. 붙임성 있는 성격으로 거래처와 좋은 관계를 유지하며 실적을 유지해 왔지만 최근 공교롭게도 골프가 번번이 걸림돌이 되어 실적 부진을 면치 못한다. 그러던 중 큰 납품 건을 추진 중인 건설회사 이사와의 골프 미팅에 참여하게 되면서 한 달 안에 머리를 올려야 하는 위기를 맞는다.

• 김헌

누구나 쉽고 빠르게 골프를 배울 수 있는 획기적인 레슨법을 고안하여 골프 입문자들을 비롯해 골프로 어려움을 겪는 사람들을 돕고 있다. 이윤아 부장으로부터 홍 대리를 소개받아 그가 위기를 극복할 수 있도록 아낌없는 가르침을 준다.

• 윤서진

홍 대리가 오랫동안 흠모해온 끝에 고백한 거래처 직원. 홍 대리에게 호감을 품고 있긴 하지만 서영규의 방해로 생긴 불미스러운 사건 이후 그의 고백을 받아들이길 주저하게 된다. 홍 대리는 모르고 있지만, 골프 미팅을 함께 할 건설회사 이사의 딸이기도 하다.

• 이윤아

철강 업계에서는 보기 드물게 부장 자리까지 오른 여성으로, 실무자 시절 일찍이 골프를 시작해 김헌 사부에게 골프를 배웠다. 단기간에 골프를 배울 방법을 찾고 있던 홍 대리에게 사부를 소개해준다.

• 서영규

국내 유수의 제철회사 이사의 아들로 홍 대리와 한 회사 입사 동기였다가 대리 진급에서 밀린 후 라이벌 회사로 이직하여 홍 대리의 거래처를 빼앗는 데 혈안이 된다. 아버지 간의 친분으로 윤서진과 가까이 지내며 구애를 펼치다 홍 대리의 고백 사실을 알고는 훼방을 놓는다.

• 남윤창

홍 대리를 신임해 그가 서영규를 제치고 대리로 진급하는 데 결정적 역할을 한 직속 상사. 서영규가 제철회사 이사의 아들이었다는 사실이 밝혀지고 그로 인해 홍 대리의 실적이 부진해지면서 함께 위기에 처한다.

• 장충익

홍 대리의 직장 후배로 학창 시절 유도 선수 생활을 하다 철강 영업에 뛰어든 특이한 이력의 소유자. 업무상 골프의 필요성을 깨달아 홍 대리보다 먼저 골프를 시작해 연습장에서 일반적인 레슨을 받는다.

골프, 얼마든지 혼자서도 배울 수 있다

골프를 친 지 30년이 넘었고, 20년 넘게 골프를 가르쳤지만, 내가 골프를 치는 '대리'의 이야기를 쓸 날이 오리라고는 상상조차 못 했다.

사업상의 이유로 골프를 시작하여 골프에 각별한 애정을 쏟아 왔으나, 한편으로 골프는 내게 감추고 싶은 흉이기도 했다. 식당이나 술자리에서 골프 이야기로 열을 올리는 사람들을 보면 마치 값비싼 자동차를 자랑삼아 떠벌리는 것처럼 비속해 보였고 그런 스포츠에 미쳐 있는 스스로가 민망했다. 더구나 직접 골프 관련 사업을 하면서 골프와 골프 산업에 대한 이해가 깊어져 갈수록 대한민국에서 골프가 대중화되는 데 회의가 들었다.

그러던 중 뜻밖의 계기가 찾아 왔다. 그것은 바로 스크린골프다. 스윙을 분석하기 위해 개발된 골프 시뮬레이션 장치가 골프를 대중화시키려는 의지, 인터넷, IT 기술과 만나면서 새로운 골프가 탄생한 것이다. 이로써 비싼 이용 요금, 장비값 등으로 인해 높았던 골프의 참여 장벽이 순식간에 무너져 내렸고, 임원급 정도는 돼야 즐기던 골프가 이제 부장, 과장의 놀이가 되었다.

하지만 골프를 누구나 즐길 수 있으려면 또 하나의 장벽이 허물어져야 한다. 골프는 어렵고 배우는 데 시간과 비용이 많이 든다는 선입견이다. 기존의 골프 교습은 귀족 스포츠라는 허울에 걸맞게 값비싼 일대일 맞춤형 레슨이 주를 이루었다. 그도 그럴 것이 얼마 전까지만 해도 골프장 이용 요금이 워낙 비싸고 예약을 잡는 것 자체가 너무 어려웠다. 회장님, 사장님이 가진 회원권이 아니면 예약이 안 되고, 그분들이 불러줘야 비로소 골프장을 갈 수 있는 상황에서, 준비가 소홀해 라운드가 지연되거나 하면 그분들께 실례가 될 뿐 아니라 다음 팀들에게도 큰 민폐가 되었다. 그러다 보니 레슨이 비대화 되고 레슨을 위한 레슨이 횡행했다.

하지만 시대가 변했으니 골프를 배우는 방식도 변해야 한다. 당구나 탁구가 그러했듯이 원리를 이해하면 전문가의 도움을 받지 않아도 얼마든지 혼자서 익힐 수 있고 그 과정 자체가 또 하나의 즐거움이 될 수 있는 골프 교습이 필요하다.

그러한 시대적 요구에 부응하고자 기획된 『골프 천재가 된 홍 대리』를 쓰는 과정은 즐거움의 연속이었다.

소설의 형태를 띠기는 하지만 이 책에 소개된 내용은 '이렇게 되면 좋겠다'라는 바람이나 '이렇게 하면 될 거야'라는 가정이 아니다. '스윙은 쉬운 것이고 얼마든지 독학할 수 있다'라는 관점으로 5천 명 이상을 '머리 올리는 과정'까지 안내하면서 겪었던 수많은 시행착오와 골프에 대한 터무니없는 오해, 사회적 편견들을 걷어내고자 했던 외롭고 치열한 싸움의 산물이다. 이를 고스란히 배우고 익혀 한 달 만에 머리를 올리는 홍 대리의 이야기는 분명 골프를 즐기는 김 대리, 이 대리, 박 대리를 배출하는 데 일조할 것이다.

골프의 대중화는 온 국민이 즐기는 또 하나의 놀이가 탄생한다는 의미를 넘어 온·오프라인 산업을 아우르는 수많은 일거리가 창출될 실리적 측면을 지니고 있다. 다양한 분야의 전문가가 자신만의 독창적인 골프 콘텐츠를 개발하여 나와 우리 아이들 그리고 아이들의 아이들까지 골프와 더불어 성장해갈 수 있는 새로운 골프 문화가 활짝 꽃필 수 있으면 좋겠다.

행복골프훈련소에서

김헌

part 1.
골프가 뭐길래

part 2.
홍 대리, 스윙에 눈뜨다

part 3.
골프 도사 김헌을 만나다

part 4.
골프 스코어의 핵심을 배우다

part 5.
결전의 그날이 오다

○○○○○

※ 일러두기

본 콘텐츠는 소설 형식으로 구성되어 있으며, 작중 설정상 오른손잡이를 기준으로 설명이 이루어져 있음을 알려드립니다.

PART 1

골프가 뭐길래

영업맨 홍 대리

'하아…. 속 쓰려.'

홍기덕은 잔뜩 인상을 찡그린 채 거울을 바라보며 넥타이를 맸다. 지난밤 업무 외적으로 가까이 지내는 거래처 직원 몇몇과 의기투합하여 벌인 술자리가 새벽까지 이어진 것이다. 그런데도 기덕은 넥타이를 이것저것 바꿔 매 보면서 부산을 떨었다.

"형, 요즘 들어 멋 부리는 것 같아. 애인도 없는 주제에."

동생 홍기환이 그 모습을 보고 놀리듯 말했다. 지방에서 대학에 다니다 얼마 전 제대해 서울의 홍기덕 집에서 머물며 기덕과 한방을 쓰고 있는 기환은 여태 이부자리에서 헤어나지 못했다.

동생의 말에 기덕의 머릿속에는 윤서진이 떠올랐다. 미소 지을 때면 양 볼에 패는 앙증맞은 보조개, 갸름한 얼굴에 당장이라도 눈물이 떨어질 것 같은 커다란 눈망울…. 윤서진을 처음 본 이후로 그녀의 모습이 늘 머릿속에 맴돌았다.

"어라, 정말 사귀는 사람이라도 생긴 거야?"

자기도 모르게 얼굴에 미소가 번진 기덕에게 기환이 물었다.

"그런 건 아닌데…."

"뭐야, 무슨 일이 있긴 한 모양이네."

"실은 거래처 직원 중에 마음에 드는 사람이 있어서 지난주에 고백했는데 아직 이렇다 저렇다 답을 못 받았어."

딱 일주일 전이다. 서진에 대한 마음을 키워가던 기덕은 결국 소주 한잔 취기에 용기를 얻어 서진에게 전화를 걸어 좋아한다고, 사귀어 보고 싶다고 속내를 털어놓고 말았다. 그런데 막상 속 시원한 답을 얻지 못하자 머리카락을 쥐어뜯으며 얼마나 후회했는지 모른다.

"와, 형한테 그런 주변머리가 다 있었네. 그렇다고 설마 다짜고짜 사귀자고 한 건 아니겠지?"

"아무렴, 일 때문이긴 했지만 몇 번이나 만나서 차도 마시고, 이야기도 많이 했고, 같이 영화도 한 번 봤는걸."

"그럼 잘 되겠지 뭐. 나름 변변한 직장도 있고 나 닮아서 그 정도면 인물도 괜찮잖아?"

"휴, 그랬으면 좋으련만…."

"여자 마음 하나 단박에 사로잡지 못해 전전긍긍하면서 어떻게

영업 일을 하나 몰라."

"짜식."

심란한 마음으로 채비를 마치고 방을 나서는 기덕의 등을 향해 기환이 소리쳤다.

"형, 힘내!"

"당연하지."

기덕은 주먹 쥔 손을 흔들어 보이며 대답했다.

"내가 이래 봬도 하루에 쇠뭉치를 몇백 톤씩 팔아치우는 한영철강 영업사원 홍 대리 아니냐!"

기덕은 양손을 들어 손바닥으로 뺨을 치며 자신을 격려했다.

'아침부터 축 처져서는 안 돼. 그래, 나는 영업맨이다.'

아, 꼬인다 꼬여

집을 나선 홍 대리가 향한 곳은 사무실이 아닌 미성건설이었다. 미성건설은 주로 아파트를 건설하는 2군 기업체다.

건설회사는 시공능력평가를 통해 공사 실적, 경영 상태, 기술능력 등을 평가받는데 이때 1위부터 100위까지의 회사를 1군 기업체, 101위부터 200위까지의 회사를 2군 기업체로 분류한다. 철강 영업을 하는 입장에서는 대체로 시공 기간이 짧은 공사를 진행해 철강 자재 구매가 활발하게 이루어지는 2군 기업체가 더 중요한 거래처다.

홍 대리는 송도 신도시에 아파트를 건설하고 있는 미성건설에 납품을 따내기 위해 오랫동안 공을 들여왔다. 그리고 오늘 담당자로부터 구매 수량을 확정해주겠다는 다짐을 받아낸 터라 그간 노력한 결실을 안고 출근할 생각에 발걸음을 재촉했다. 하지만 부푼 기대는 여지없이 무너지고 말았다.

"이거 어쩌지, 부장님이 지금 자리에 안 계셔."

미성건설 구매팀 최 과장은 난처한 표정으로 말했다. 뜻밖의 반응에 당황한 홍 대리의 목소리가 높아졌다.

"최 과장님, 오늘 부장님과 상의 후 구매 수량 확정해준다고 하셔서 제가 사무실에도 안 들르고 온 것 아닙니까?"

"잘 말씀드리기는 했네만…."

실무자와 제아무리 이야기가 잘되었다 해도 결정권을 가진 윗선에서 받아들여 주지 않으면 아무 소용이 없는 게 철강 영업이다.

"그럼 내일 다시 찾아올까요?"

"홍 대리, 그게 말이지…."

"네."

"…."

"과장님!"

홍 대리는 답답한 마음에 최 과장을 똑바로 바라보며 말했다.

"어떻게 된 건지 말씀을 해주셔야지요."

"사실은…."

최 과장은 주위를 두리번거리며 말을 이었다.

"우리 부장님 지금 골프장 가셨어."

"골프장이요?"

홍 대리는 부장이 업무 시간에 골프장에 갔다는 것도 의아했지만 그렇다 한들 그게 지금 이 상황과 무슨 상관인지 알 수가 없었다.

"쉿, 목소리 좀 낮춰. 승리철강 사람이랑 라운드하러 갔단 말이야."

홍 대리는 두 발을 딛고 서 있는 바닥이 무너지는 것 같았다. 최 과장이 밀어주었는데도 불구하고 부장이 경쟁업체 직원과 함께 골프를 치러 갔다는 것은 사실상 그간의 노력이 허사가 되었음을 의미했기 때문이다.

"그러게 내가 누누이 말했잖아. 우리 부장님 좀 챙기라고 말이야."

최 과장이 안타까운 듯 말했다.

"제 나름대로 신경 많이 썼다는 거 아시잖아요. 지난번 사모님 생신 때 음악회 표도 챙겨드리고 지난주에 술자리도 마련하지 않았습니까?"

"음악이라고는 트로트밖에 모르고 술은 한 잔만 마셔도 곯아떨어지는 분이 그런다고 좋았겠어? 목마른 사람에겐 물을 줘야지! 우리 부장님 골프 좋아한다고 말했었잖아."

'골프?'

그러고 보니 이야기를 들은 적이 있었지만 대수롭지 않게 넘겼었다. 몇 달간 들인 노력이 얼만데 고작 골프 때문에 일이 틀어졌다는 것을 도무지 이해할 수 없었다.

"어쨌든 미안하게 됐네, 홍 대리."

부장 마음이 돌아섰다면 최 과장을 붙잡고 더 이야기해 봐야 소용이 없음을 아는 홍 대리는 마음을 추슬렀다.

"과장님이야 저희를 잘 봐주셨는데 미안하시다니요. 다음에 또 좋은 기회가 있겠죠, 뭐."

"그렇게 생각해주니 고맙네."

"대신 나중에 건수 생기면 꼭 연락 주셔야 합니다. 일 핑계로 또 술도 한잔하고요."

"하하, 그러자고."

"그럼 저는 이만 가보겠습니다."

홍 대리는 과장되게 허리를 굽히며 큰 소리로 인사를 건넸다. 일이 잘 풀리든 아니든 늘 밝게 사람들을 대하는 것이 한영철강 영업사원 홍 대리의 제1 신조였다. 그리고 그것이 바로 주변 사람들이 홍 대리에게 좋은 인상을 받는 이유기도 했다. 홍 대리가 문을 나서려는 찰나 최 과장이 깜빡했다는 듯 물었다.

"아, 그나저나 승리철강 서영규 과장 알지?"

"그렇습니다만…?"

"오늘 우리 부장님 골프 데려간 사람이 서영규 과장이야."

“서영규, 서영규….”

홍 대리는 지금쯤 미성건설 구매팀 부장과 골프장을 걷고 있을 그의 이름을 나직하게 되뇌며 천천히 발걸음을 옮겼다. 요즘 들어 업무상 서영규와 부딪히는 일이 잦았다. 영업하다 보면 성사 직전에 거래가 깨지는 일이 다반사지만 최근 유독 그런 일이 많았고 공교롭게도 모두 서영규와 엮여 있었다. 승리철강과 한영철강이 라이벌 관계이니 그럴 만도 하지만 뒷맛이 개운치 않은 것은 2년 전의 소문 탓이었다.

서영규는 홍 대리와 한영철강 입사 동기로, 딱히 친한 사이도 아니었지만 특별히 문제가 있는 사이도 아니었다. 다만 2년 전 서영규가 사표를 내고 한영철강을 그만둔 이유가 홍기덕이 자기보다 먼저 대리로 진급한 것 때문이라는 소문이 퍼졌었다.

당시 홍 대리는 남의 말 하길 좋아하는 사람들이 퍼뜨린 허무맹랑한 이야기로 여기고 신경 쓰지 않았지만, 서영규가 한영철강과 라이벌 회사인 승리철강에 입사하면서 소문의 신빙성이 더해지고 그로 인해 낭패를 겪는 일이 많아지다 보니 그 소문이 내심 마음에 걸렸다.

홍 대리는 어지러운 마음을 안은 채 사무실에 가기 위해 지하철역으로 발걸음을 옮겼다. 그리고 걸으면서 혹시나 하는 마음으로 핸드폰을 꺼내 보았지만 윤서진에게서는 아무 연락이 없었다.

●

사무실에 들어서자 홍 대리의 직속 상사 남윤창 과장의 눈길이 그를 향했다. 이미 들어오는 길에 전화상으로 미성건설 납품 건이 어렵게 되었음을 보고한 후였다.

"과장님, 그게 어떻게 된 거냐 하면…."

"좀 이따가 얘기하자."

평소 속내를 잘 숨기지 못하는 직설적인 성격의 남윤창 과장은 짜증이 잔뜩 밴 목소리로 그렇게 이야기하고서는 주섬주섬 담배를 챙겨 일어나 사무실 밖으로 향했다.

"휴."

홍 대리는 자기 자리에 앉으며 길게 한숨을 내쉬었다.

"홍 대리님, 무슨 일이세요? 커피라도 한잔하실래요?"

남 과장과 홍 대리의 분위기가 심상치 않은 것을 눈치챈 장충익이 다가와 조심스레 물었다. 입사 2년 차인 장충익은 햇병아리 시절 업무를 가르쳐준 팀 선배 홍 대리를 잘 따랐고 홍 대리도 때때로 눈치 없이 굴기는 하지만 평소 싹싹한 성격의 장충익이 밉지 않았다.

사무실 건물을 나와 자판기에 동전을 밀어 넣으며 홍 대리가 털어놓았다.

"일은 무슨 일이겠냐? 건수 하나 말아먹었다."

"미성건설 건도 놓치셨어요?"

"그렇게 됐다."

"요사이 고전이시네요. 이번 달 실적 정말 많이 떨어지시겠어요."

"흠."

그래도 홍 대리에게는 아직 희망이 남아 있었다. 또 실패할까 조심스러운 마음에 충익에게 이야기하지는 않았지만 1군 업체인 대신건설에서 수주한 지하철역 공사 납품 공개 입찰 결과가 다음 주에 있을 예정이었다. 물량이 큰 건이기 때문에 성사되기만 하면 홍 대리는 그간의 부진을 만회할 수 있었다. 게다가 대신건설은 바로 윤서진이 근무하는 회사이기 때문에 홍 대리로서는 더더욱 놓칠 수 없는 기회였다. 혹여 윤서진이 홍 대리의 고백에 응하지 않더라도 납품 업체로 선정되면 업무상으로라도 관계를 유지하며 다음 기회를 노려봄 직했기 때문이다.

"요즘 건설 경기 장난 아니잖아요. 다른 업체들도 다 어렵다고 하던데요, 뭐."

장충익은 홍 대리가 별 대꾸 없이 생각에 잠겨 있자 자기가 또 말실수했나 싶었는지 격려의 말을 건넸다.

"그래, 그나저나 과장님한테 아쉬운 소리 해야 할 게 있는데 저러시니 큰일이네."

"무슨 아쉬운 소리요?"

"고객사 한 곳에서 이번 주말에 담당자들끼리 골프 한번 치자고 해서 말이야."

"아, 홍 대리님은 골프 못 치시지. 그러게 좀 배워두지 그러셨어요. 남 과장님이 진작부터 채근하시는 것 같던데…."

충익은 또 아차 싶었는지 말끝을 흐리며 홍 대리의 눈치를 살폈다. 아닌 게 아니라 미성건설 건도 골프가 화근이 되어 놓친 마당에 또 골프 때문에 난처하게 된 판이니 정말 골프가 원수같이 느껴졌다.

"일이랑 골프랑 무슨 상관이라고 다들 골프, 골프 하는지…. 예전에는 안 그랬죠, 홍 대리님?"

"그러게 말이다."

홍 대리가 처음 일을 시작할 때만 해도 대리가 골프를 칠 줄 모른다고 눈치를 보는 상황은 상상도 못 할 일이었다. 오히려 골프를 배운다고 하면 대리 주제에 무슨 골프냐며 타박이나 받았을 터였다. 그런데 몇 년 사이에 상황이 급변해서 이제는 골프가 주요한 영업 수단의 하나로 인식되었고, 일반 사원 때부터 미리 골프를 배우기 시작하는 사람도 많았다.

"어차피 과장님도 고객사 사람들과 골프 치는 걸 자기 업무로 생각하고 계시는 것 같던데요, 뭐. 너무 걱정하지 마시고 말씀드려보세요."

"그래?"

"그렇다니까요. 얼마 전에 저도 과장님께 골프 때문에 부탁드렸더니 '어이구, 내가 너 때문에 월급 값한다'라고 하시던데요."

"…."

장충익이 대학 때까지 유도 선수로 운동만 해온 사람이라 융통성이 없는 줄은 알고 있었지만, 이 정도일 줄은 몰랐다. 이제 곧 남윤창 과장과 마주해야 하는 홍 대리는 마음이 더 답답해졌다.

●

퇴근 후 남윤창 과장은 홍 대리를 데리고 회사 앞 먹자골목에 있는 등갈비 집으로 향했다. 제법 명성을 얻은 음식점답게 그들이 도착했을 때는 이미 줄이 길게 늘어서 있었다.

삼삼오오 모여 차례를 기다리고 있던 다른 사람들은 왁자지껄 잡담을 나누었지만 남윤창 과장은 가게 안쪽에 놓인 텔레비전을 뚫어지게 바라볼 뿐 홍 대리에게 단 한 번도 눈길을 주지 않았다.

홍 대리는 긴장 때문에 속이 다 쓰릴 지경이었다. 미성건설이 물 건너간 것에 대한 질책이 쏟아질 텐데 거기다 대고 주말에 자기 대신 골프 치러 나가달라고 부탁하기까지 해야 하니 정말 몸 둘 바를 모를 지경이었다.

"한 잔 받아."

등갈비
17000원
200g

자리에 앉자마자 남윤창 과장은 홍 대리에게 잔을 건네고 소주를 채웠다.

“죄송합니다. 미성건설 건은….”

“우선 마셔. 마시고 나서 얘기하자.”

둘은 단번에 잔을 비웠다. 알싸한 소주의 맛이 입안 곳곳에 퍼졌다.

“크으, 쓰다.”

남윤창 과장은 홍 대리가 빈 잔을 내려놓자마자 인상을 찡그리며 곧장 다시 술병을 들었다.

‘아, 오늘은 꼭지가 돌게 마셔야겠구나.’

속으로 한숨이 나왔지만 어쩔 수 없었다. 오랫동안 진행해온 영업 건수를 손아귀에 움켜잡기 바로 직전에 놓쳐버렸으니 입이 열 개라도 할 말이 없었다.

“흠.”

입에 자물쇠라도 채운 듯 몇 번의 건배를 나누는 동안 한마디도 하지 않던 남윤창 과장이 드디어 입을 열었다. 지금까지 겪어온바 이제 막 온갖 호된 힐난을 퍼부을 태세였다. 그런데 뜻밖에도 남윤창 과장은 손을 뻗어 테이블 건너편 홍 대리의 어깨를 잡으며 말했다.

“홍 대리, 요즘 힘들지?”

“예? 무슨 말씀이신지….”

"인마, 왜 시치미야?"

남윤창 과장은 눈을 게슴츠레 뜨고 홍 대리를 바라봤다. 홍 대리는 전혀 짚이는 게 없었다.

"서영규 때문에 말이야, 서영규!"

"승리철강 서영규 말씀하시는 겁니까? 그 친구가 뭘…."

"허, 내 원 참."

남윤창 과장은 어이없는 표정으로 홍 대리를 바라봤다.

"너 정말 모르는 거냐?"

"뭘 말씀이세요?"

"너 요즘 들어 승리철강 때문에 놓친 건수가 도대체 몇 개냐?"

"그야 승리철강이랑 우리 회사랑 라이벌 관계니까…."

"너 순진한 거야, 멍청한 거야?"

남윤창 과장은 답답한 듯 넥타이를 느슨하게 늘이며 말했다.

"그게 다 서영규가 한 짓이라니까."

"네? 서영규가 왜, 아니, 어떻게…."

"걔가 왜 우리 회사 그만뒀니? 네가 자기보다 먼저 대리로 진급했기 때문이잖아."

"그건 그저 소문이지 않습니까?"

"이 친구 소식이 깜깜하군그래. 서영규, 그 친구 아버지가 포커스 이사야. 그것 때문에 철강 영업에 뛰어든 거라고."

"포커스!"

포커스는 국내 최고의 제철회사다. 철강회사라면 그 어느 곳도 포커스의 영향력에서 벗어날 수 없다. 이는 한영철강 역시 예외가 아니었다.

"회사 임원진에서도 그 친구가 그만둘 때까지 전혀 눈치를 채지 못했다더군. 우리로서는 대어를 놓친 셈이지."

남윤창 과장은 혀를 차며 빈 잔을 내밀었고 홍 대리는 얼떨떨한 표정으로 술을 채웠다.

"아버지 배경 도움받지 않고 현장 경험을 쌓아 이 바닥에서 성공하려고 했었나 봐. 자신이 있었던 거지. 그런데 자기에 비해 잘난 것 하나 없어 뵈는 홍 대리 자네가 먼저 승진을 하니 오죽 김새고 화가 났겠어?"

입사 전 이력만을 봤을 때 홍 대리는 서영규에게 견줄 만한 대상이 아니었다. 어찌 보면 서울 명문대 출신에, 어학연수를 다녀와 토익 점수도 상위권이었던 서영규가 일개 중소기업인 한영철강에 입사한 게 오히려 이상한 일이었다.

"아마 자네한테 복수라도 해야 직성이 풀릴 심산인지 승리철강 윗선에다 자네 담당 거래처는 자기가 전담해서 맡겠다고 아예 대놓고 말했다고 하더군."

홍 대리는 뒤통수를 한 대 얻어맞은 듯 멍했다. 2년 전 그저 뜬소문으로 치부했던 이야기가 사실이었고 최근의 부진이 모두 그로 인한 것이었다니 그저 황당할 따름이었다. 심란하여 잠시 뜸을 들인 홍 대리가 입을 열었다.

"그랬군요."

"그랬군요? 지금 이 상황이 그러고 말 일이냐!"

홍 대리의 담담한 반응에 남윤창 과장이 오히려 더 발끈 열을 올렸다. 홍 대리는 앞에 놓인 잔을 들어 단숨에 들이키며 말을 이었다.

"캬, 어쨌든 이제 이유를 알았으니 대책을 세워야지요. 서영규가 포커스 이사 아들이라는 배경으로 밀어붙인다면 저는 지금보다 몇 배 더 발로 뛰죠, 뭐."

'그래, 이것 때문이었지.'

2년 전 인사이동 때 기덕이 대리 진급을 하는 데 결정적인 역할을 한 것이 바로 남윤창 과장이었다. 진급 인사 결정을 두고 설왕설래할 때 홍기덕과 서영규의 직속 상사였던 그가 기덕을 강력하게 추천했었다.

당시 둘의 실적에 큰 차이가 없었기 때문에 입사 전 이력 면에서 월등한 서영규가 유리할 것으로 점쳐졌지만 남윤창 과장은 홍기덕에 대한 확신이 있었다.

기덕은 누가 봐도 가망 없는 영업 건수를 맡아도 늘 군말 없이 순순히 받아들였고, 고객들이 자기를 냉대한다 해도 포기하지 않고 끈질기게 쫓아다녔다. 그 노력이 실적까지 이어지는 경우가 많지 않았다 하더라도 그 성실함과 진정성 그리고 일단 부딪혀보는 태도야말로 영업맨으로서 갖추어야 할 기본 중 기본이었다.

"그래, 홍 대리가 그렇게 생각하니 다행이야. 힘내라고."

남윤창 과장은 술잔에 남은 술을 입에 털어 넣고는 자리를 뜨려는 듯 계산서를 집어 들었다. 어느새 테이블 위에는 네 병의 소주병이 비어 있었다.

"아! 과장님, 잠깐 드릴 말씀이 있는데…."

홍 대리는 그제야 생각난 듯 다급하게 말을 꺼냈다. 남윤창 과장은 술기운이 올라 벌게진 얼굴로 홍 대리를 바라봤다.

"다름이 아니라 이번 주말에 거상건설 구매부 부장님이 골프 한번 치자고 하셔서 말입니다."

"뭐? 와이프랑 처갓집 가기로 약속했는데…. 할 수 없지, 알겠어."

"죄송합니다."

"죄송하고 자시고 간에 너 정말 골프 안 배울 거야?"

"아직 여유가 없어서…."

"그렇게 말한 게 벌써 언제부터냐? 다른 사람들은 여유가 넘쳐나서 골프 배운다던? 이런 것도 다 네 업무고 실력이야. 부하직원 대신 상사가 골프치러 가주는 게 언제 적 이야기냔 말이야!"

입이 열 개라도 할 말이 없었다. 아닌 게 아니라 일찌감치 골프를 배우기 시작한 대리급 직원 중에는 오히려 관리자급 상사보다 실력이 좋은 사람도 종종 있었다.

"너 과장 되고 팀장 되고 나서도 나한테 대신 골프 좀 쳐달라고 부탁할래? 매사에 앞뒤 안 가리고 잘도 덤벼드는 놈이 왜 유독 골프는 안 하려고 드는지 도무지 이해할 수가 없단 말이지."

홍 대리가 뭐라고 대꾸할 틈도 없이 남윤창 과장은 자리에서 일어나 계산대로 향했다.

'서영규…. 골프….'

홍 대리는 머리가 복잡했다.

내 주제에 골프는 무슨…

"네 시간 정도 지났으니 얼추 돌아올 때가 된 것 같은데…."

홍 대리가 시계를 확인하고는 골프장 안내 책자를 훑어보고 있던 장충익에게 말했다.

"햐, 시간이 꽤 걸리네요?"

"열여덟 개나 되는 홀을 돌아야 하니까 보통 네다섯 시간은 걸리지."

남윤창 과장이 거상건설 관계자들과 함께 골프를 치기로 한 주말, 홍 대리도 그들을 보필하기 위해 골프장에 동행했다. 그런데 뜻밖에도 그곳에 장충익이 모습을 드러냈고 둘은 함께 클럽하우스에서 라운드가 끝나기를 기다리고 있었다.

"휴일인데 약속 없었어? 주말인데 좀 쉬지."

홍 대리는 자기 고객도 아닌데 접대를 지원해주러 나왔나 싶어 고마운 마음에 말을 건넸다.

"헤헤, 미리미리 준비하는 겁니다. 실은 저도 다음 달에 과장님한테 골프 쳐달라고 부탁할 건수가 있거든요. 골프장에 따라 나오면 뭘 해야 하는지 오늘 확실히 배워두려고요."

"그럼 그렇지."

"귀찮게 안 할 테니 잘 좀 알려주십시오."

그때 핸드폰이 울렸다. 남윤창 과장이었다.

"네, 과장님, 이제 돌아오시나요?"

"말도 마라. 오늘 다들 샷이 엉망이라 이제 14번 홀 끝내고 그늘집에서 잠깐 쉬고 있다. 어쨌든 이제 곧 돌아갈 테니까 준비 잘 해놔."

그늘집이란 음료나 간단한 요기를 즐길 수 있도록 골프장 코스 중간에 있는 일종의 휴게실이다. 5번 홀, 14번 홀쯤에 딸린 경우가 많다.

"네, 걱정하지 마십시오."

전화 통화인데도 홍 대리는 마치 남윤창 과장이 앞에 있기라도 한 듯 고개를 조아렸다. 자기 때문에 가족과의 약속까지 어겨가며 골프장에 나오게 한 것에 대한 송구함 때문이었다.

"돈깨나 있는 사람들이 있는 티 내려고 하는 거 아니겠어요?"

"내 말이 그 말이다. 그런데 왜 우리같이 없이 사는 사람들이 골프 때문에 스트레스를 받아야 하는지, 참 내."

"그래도 이렇게 탁 트인 곳에 나오니까 상쾌하기는 한데요."

막상 창밖을 바라보니 홍 대리도 한편으로는 골프장에 오지 않고서야 도시 사람들이 이렇게 널따란 들판을 자유로이 거닐 기회도 없겠다는 생각이 들었다.

남윤창 과장과 일행은 통화 후 한 시간이나 더 지난 후에야 카트를 타고 클럽하우스로 돌아왔다. 그들을 바라보며 장충익이 고개를 갸우뚱거리며 물었다.

"무슨 일이 있었던 모양인데요?"

"왜?"

"보세요, 죄다 죽상을 하고 있잖아요."

"짜식, 원래 다들 그래."

남윤창 과장을 따라 몇 번이나 골프장에 와 봤는데 그때마다 라운드를 마치고 돌아오는 사람들의 표정은 어김없이 어두웠다.

"왜 그런 걸까요?"

전화를 끊은 홍 대리는 장충익과 함께 인원수에 맞춰 음료수를 사서 테이블 위에 차려놓고 남윤창 과장 일행을 맞을 준비를 했다.

"참 내, 우리는 고작 이런 뒤치다꺼리나 하러 골프장에 따라오는 건가요?"

장충익이 맥이 풀린 듯 이야기했다.

"상사가 나 대신 시간 내서 나오는 건데 나 몰라라 할 수 있냐?

차에서 골프 가방도 날라주고 쉴 때 마실 거 챙겨주고 이런 거라도 해야지."

"이럴 바에야 홍 대리님도 골프 하시면 되잖아요."

"야, 골프는 아무나 하냐? 쥐꼬리만 한 월급으로 골프는 무슨…."

월급 이야기가 나오자 장충익도 동감한다는 듯 고개를 끄덕였다.

"그깟 골프 못한다고 철강 못 팔았으면 진즉에 일 그만두었을 사람 많아. 게다가 난 통 모르겠단 말이야."

"뭘요?"

"슬슬 걸어 다니면서 몇 시간 동안 작대기 몇 번 휘두르는 게 고작인데 그게 뭐가 재밌다고 장비 사랴 골프장 요금 내랴 큰돈 들여가며 골프를 치냔 말이지. 돌아와서 투덜대는 말 들어보니까 골프가 욕심만큼 잘 안 돼서 그런 것 같더라고. 생돈 들여 기분까지 망치고 가는 거 보면 역시나 골프는 할 게 못 되는 것 같아."

아니나 다를까 거상건설 박 상무는 클럽하우스 입구에서 에어건으로 골프화에 묻은 흙을 털어내며 불평을 해댔다.

"젠장, 오늘은 잘 맞는가 싶더니만 염병할…."

박 상무는 여간 화가 난 게 아닌지 다른 사람들이 듣건 말건 거친 말을 쏟아냈다. 남윤창 과장은 눈치를 보다 조심스럽게 위로의 말을 전했다.

"에이, 상무님. 오늘 그리 나쁘지 않으시던데요."

"허, 이 사람. 원래 내 실력을 몰라서 하는 얘긴가? 나 싱글이야, 싱글!"

골프에는 홀별로 몇 번 만에 넣어야 한다는 규정 타수가 있는데 이를 파par라고 한다. 일반적인 골프장의 경우 파3 홀 4개, 파4 홀 10개, 파5 홀 4개를 합해 총 18개 홀로 구성되므로 전체 규정 타수는 72타가 된다. 그리고 이 규정 타수를 넘어 친 샷의 횟수를 핸디캡이라 하는데 핸디캡이 한 개에서 아홉 개까지, 즉 한 자리인 사람을 싱글 핸디캐퍼, 통상 줄여서 싱글이라고 부른다.

그런데 오늘 박 상무는 95타를 쳤으니 싱글은 고사하고 규정 타수보다 스물세 개나 더 친 셈이다. 수차례 골프장을 드나들면서 싱글이 무엇인지 정도는 알고 있던 홍 대리에게 박 상무의 말은 허풍으로밖에 들리지 않았다. 박 상무가 골프 칠 때 몇 번이나 함께했지만 90타 이하로 친 적은 한 번도 본 적이 없기 때문이다. 남윤창 과장한테 전해 듣기로는 박 상무가 몇 년 전에 딱 한 번 공이 맞아도 너무 잘 맞아서 싱글을 기록한 적이 있고 그 이후로 자기가 싱글이라며 떠벌리고 다닌다고 했다.

"제가 모를 리가 있습니까? 상무님 실력이야 소문이 자자한데요."

남윤창 과장이 넉살을 떨며 대꾸했다.

"주제넘은 말씀입니다만 상무님, 아이언 스윙은 프로급이신데 드라이버가 잘 안 맞는 것 같더라고요."

"아이언이야 내가 자신 있지. 그런데 자네 말마따나 드라이버가 갈수록 엉망이란 말이야."

골프채, 즉 클럽club은 크게 우드wood, 아이언iron, 퍼터putter로 구분되는데 우드가 일단 공을 멀리 보내게 하는 용도라면 아이언은 이후에 그보다 짧은 거리를 정확히 조준해서 보내는 데 쓰이고, 퍼터는 남은 거리가 짧을 때 공을 홀에 넣는 데 쓰인다. 그리고 우드 중 일반적으로 각 홀의 첫 타인 티샷을 칠 때 쓰이는 클럽을 드라이버라고 한다.

아이언 스윙을 칭찬받자 박 상무의 얼굴에 살짝 화색이 돌았고 남윤창 과장은 노련한 영업맨답게 이때를 놓치지 않았다.

"드라이버야 프로들도 실수하는데요, 뭐. 아이언 샷이 진짜 실력이죠. 오늘 아마 드라이버를 안 잡고 아이언 티샷만 하셨어도 싱글은 문제없으셨을걸요."

"껄껄껄. 남 과장, 허풍이 좀 심한 거 아냐? 그래도 내 실력을 알아주는 건 남 과장밖에 없군그래."

"제가 실력은 허접스러워도 보는 눈만큼은 프로급입니다."

"자, 그럼 이제 밥 먹으러 가지. 오랜만에 걸었더니 배가 아주 고파."

이제야 홍 대리가 담당자로서 제 역할을 할 때가 왔다.

"박 상무님, 남 과장님, 제가 근처에서 잘하기로 소문난 한식당 예약해놨습니다. 얼른 씻고 나오시죠."

남윤창 과장은 사우나를 나와 주차장으로 이동하면서도 박 상무에게 칭찬 일색의 말을 쏟아냈고 홍 대리와 장충익은 양손에 골프 가방을 하나씩 들고 그들을 따랐다.

그날 저녁 식사는 기나긴 술자리로 이어졌다. 결국, 술에 못 이기고 축 늘어진 박 상무를 대리운전 기사를 불러 차에 태워 보내고 다른 거상건설 직원들은 대신 택시를 잡아 배웅했다.

남윤창 과장도 부어라 마셔라 하며 박 상무의 기분을 맞추느라 정신을 못 차릴 정도로 취해 있었고, 눈치 없이 주는 술을 다 받아 마신 장충익은 아예 곯아떨어져 있었다. 홍 대리만은 자기 담당 거래처를 접대하는 자리인 데다 상사까지 함께한 자리였던 만큼 긴장을 늦추지 않은 덕에 마신 술에 비해 정신을 차리고 있었다.

홍 대리 일행은 대리운전 기사를 한 명 더 불러 남윤창 과장의 차에 몸을 실었다. 잠시 후 남윤창 과장의 집 앞에 도착하여 홍 대리는 우선 장충익을 차에서 내려 길가에 앉혀놓고 남윤창 과장을 현관까지 부축했다. 간신히 정신이 든 남윤창 과장은 비틀대며 집으로 들어가다 문득 돌아보며 혀 꼬부라진 소리로 홍 대리를 불렀다.

"야, 홍 대리."

"네, 과장님."

"지지 마라."

"네?"

"넌 서영규보다 훨씬 잘할 수 있는 놈이야. 그러니까 지지 말라고. 그까짓 대리 진급 한번 누락됐다고 회사 뛰쳐나가는 엘리트 도련님한테 지지 말란 말이야."

취중 진담이라고 남윤창 과장이 자신을 진심으로 아끼는 마음이 느껴져 홍 대리는 가슴이 뭉클했다.

"최선을 다하겠습니다."

"그 자식, 골프 좀 친답시고 실무자 윗선들에 알랑방귀 뀌어가면서 일하는 게 영 꼴불견이라 이 말이야. 그러니까 그 자식한테 절대 지지 마. 알겠냐!"

남윤창 과장이 집으로 들어가고 장충익을 챙기러 가는 길에 홍 대리는 긴 한숨을 내쉬었다.

"휴, 골프라…."

●

주말이 지나고 월요일 오전, 홍 대리는 사무실 자리에 앉아 전화기만 뚫어지게 쳐다보고 있었다. 대신건설 지하철역 공사 납품 공개 입찰 결과가 나오는 날이기 때문이었다.

2군 건설업체의 경우 구매 담당자와의 관계 관리와 단가 조정으로 거래가 좌우되지만 대신건설과 같은 1군 건설업체가 진행하는 큰 공사의 자재 납품 결정은 불공정거래를 막기 위해 공개 입찰로 이루어진다.

서영규로 인해 겪은 그간의 부진을 만회해야 했기 때문에 홍 대리는 이번 건의 낙찰이 더더욱 간절했다. 게다가 대신건설 구매팀 측 실무자는 바로 윤서진이라서 이번 거래 성사 여부가 그녀와의 관계에 큰 영향을 미치게 될 터였다. 초조한 마음에 안절부절못하고 있는 홍 대리에게 장충익이 다가와 말을 건넸다.

"좀 전에 상무님 사무실 앞에서 남윤창 과장님 뵀는데 홍 대리님한테 옥상으로 좀 올라오라고 전해달라시던데요?"

"옥상에?"

홍 대리는 장충익에게 자기 자리로 오는 전화가 있으면 대신 좀 받아달라고 당부한 후 옥상으로 향했다. 옥상에 먼저 와 있던 남윤창 과장의 얼굴은 한눈에 봐도 불편한 기색이 역력했다.

"과장님, 부르셨어요?"

남윤창 과장은 홍 대리의 말에 대꾸도 하지 않은 채 어두운 얼굴로 한참을 뜸을 들이다 입을 열었다.

"휴, 홍 대리. 대신건설 건 말인데…."

홍 대리는 남윤창 과장의 입에서 대신건설 이름이 나오자 당황스럽지 않을 수 없었다. 자기가 결과를 확인해 전달했어야 할 남윤창 과장이 먼저 이야기를 꺼냈기 때문이다.

"상무님께서 먼저 좀 알아보신 모양인데 일이 복잡하게 됐다."

"복잡하게 되다니요?"

"우리 입찰가가 낙찰되긴 했는데 말이야…."

"네? 그런데 뭐가 복잡하게 됐다는 말씀이세요?"

말 그대로라면 기쁘기 그지없는 일이건만 남윤창 과장의 표정은 전혀 그렇지가 않았다. 홍 대리는 답답한 마음에 그를 채근했다.

"공교롭게도 우리랑 똑같은 입찰가를 제출한 회사가 있어. 이렇게 되면 다시 입찰을 진행할 수도 있긴 한데 대신건설 윗선에서 자재 담당 이사더러 두 회사 조건 따져 보고 그냥 결정하라고 한 모양이야."

그래도 아예 떨어진 것보다야 나은 일이었다. 아직 기회가 있으니 말이다.

"그럼, 그야말로 영업 전쟁이군요."

"그렇지. 대신건설 측에서 납품 제안서를 요청했는데 여기에 가격 이외의 메리트를 담아야 해."

홍 대리는 다행이다 싶으면서도 한편으로 왠지 불길한 예감이 들었다.

"그런데 우리와 같은 입찰가를 냈다는 회사가 혹시…."

"그래, 승리철강이다. 담당 영업자는 서영규고."

악연도 이런 악연이 없었다. 아무리 작정하고 달려들었다 해도 이렇게까지 엮이는 건 어려운 일이었다. 그런데 상황이 극단적으로 치닫다 보니 홍 대리는 오히려 오기가 들었다.

"차라리 잘됐네요. 그동안 물먹은 거 한 방에 되돌려주죠."

"의욕을 꺾는 것 같아 이런 이야기하기가 좀 그렇기는 한데 대신건설 자재 담당 윤길성 이사가 서영규네 아버지랑 대학 동문이라더라. 꽤 친분이 있는 모양이더라고. 상황이 이 정도면 해보나 마나 한 싸움이 될 수도 있어."

서영규가 포커스 이사 아들이라는 배경에 사적인 인맥까지 동원하면 정말 불리할 수밖에 없을 것이다. 그야말로 경쟁 시도 자체가 무모할 수도 있다.

"그래도…."

홍 대리는 마른침을 삼키며 입을 열었다.

"아직 승패가 결정된 건 아니죠. 과장님이 그러셨죠? 절대 지지 말라고. 질 때 지더라도 일단 부딪혀보겠습니다. 우리에게 그런 개인적 친분 못지않은 호감을 느끼도록 만들면 되지 않겠습니까?"

남윤창 과장은 홍 대리의 적극적이고 도전적인 기질을 익히 알고 있었지만 새삼 놀라지 않을 수 없었다.

"그럼 대신건설 윤길성 이사가 어떤 사람인지 파악하는 게 급선무겠군요."

"이 바닥에서 나 정도 굴러먹었으면 그 사람이야 잘 알지."

"아, 그런가요?"

"일단 술 마시면서 흥청망청 노는 걸 아주 싫어해. 멋모르고 그런 식으로 접근했다가 낭패 본 영업자가 한둘이 아니지."

"자리 한 번 마련하기가 아주 까다롭겠는데요."

"그런데 한 가지 좋아하는 게 있지. 그것도 아주 광적으로 말이야."

홍 대리는 설마 하는 마음으로 물었다.

"그게 뭡니까?"

"골프!"

그깟 골프 한번 해 보지, 뭐!

"후…."

홍 대리는 길게 심호흡을 했다. 이제 곧 윤서진과의 약속 시각이다. 업무상 만나는 것이기는 해도 고백을 한 뒤 처음으로 그녀와 마주하는 상황이라 긴장되지 않을 수 없었다. 홍 대리는 만나기로 한 시간보다 30분이나 일찍 약속 장소인 커피숍에 나와 그녀가 오는 것을 확인하기 위해 창가 쪽에 자리를 잡았다. 무슨 말부터 꺼내야 할지 머릿속이 복잡했다. 속마음을 고백해놓고 일 이야기부터 하면 불쾌해하지는 않을까, 무례하게 술에 취해 전화로 고백한 것에 대해 사과부터 해야 하는 걸까. 어찌해야 할지 종잡을 수가 없었다.

"일찍 나오셨네요."

이런저런 상념에 빠져 있는 틈에 윤서진이 도착해 홍 대리의 앞에 서 있었다. 홍 대리는 놀란 나머지 자리에서 벌떡 일어서다 하마터면 테이블에 다리를 찧을 뻔했다.

"죄, 죄송합니다. 잠깐 뭐 좀 생각하느라고…."

"괜찮아요."

윤서진은 미소를 지어 보이며 자리에 앉았다. 마실 것을 주문한 후 한참이나 침묵이 흘렀다. 먼저 입을 연 것은 윤서진이었다.

"이번 납품 건 때문에 찾아오신 건가요?"

"아, 그렇습니다."

홍 대리는 속이 타서 물을 연거푸 들이켰다. 매사에 적극적이면서도 그녀 앞에만 서면 움츠러드는 자신이 원망스러웠다.

"아시다시피 납품 업체 선정에 대해서는 윤길성 이사님이 직접 검토 중이에요. 그런데 저한테 하실 말씀이 뭔지…."

"다름이 아니라 골프 때문입니다."

"골프요?"

"네, 윤 이사님께 이번 납품 건에 대해 좀 더 말씀드릴 것도 있고 해서 겸사겸사 골프 한번 함께하시면 어떨까 해서 말입니다."

이는 남윤창 과장의 지시였다. 어떻게든 윤길성 이사와 골프 라운드 스케쥴을 잡으면 자기가 어떻게든 그 자리에서 윤길성 이사의 마음을 사보겠다는 것이었다.

"이사님께서 어떻게 생각하실지 모르겠지만 일단 저희 과장님

통해서 전달은 해볼게요. 그럼 확인되는 대로 전화 드리겠습니다."

그렇게 말한 윤서진은 핸드백을 챙겨 자리를 뜰 채비를 했다.

"아, 일어나시게요?"

"더 하실 말씀이라도…."

"서진 씨, 사실은 지난번 통화 후에 연락이 없으셔서 마음이 많이 복잡했습니다."

윤서진은 난처한 표정으로 잠시 머뭇거리다 입을 열었다.

"시간을 조금 더 주세요. 죄송해요."

그러고는 일어나 인사를 하고는 커피숍을 나섰다. 홍 대리는 그녀를 잡고 싶었지만 그럴 수가 없었다. 시간을 조금 더 달란 말은 어쩌면 대놓고 거절하기가 불편해서 하는 말일 수도 있을 것 같았기 때문이다. 그런 생각이 들자 후회가 밀려왔다. 그때 괜스레 술김에 전화를 걸어 성급하게 고백하지 않았더라면 오늘처럼 업무차 만나면서 좀 더 편한 관계로 지낼 수 있었을 것이다. 하지만 이미 엎질러진 물이었다.

●

"서진아."

윤서진은 7층에 있는 사무실로 올라가기 위해 엘리베이터를 기다리다 자기를 부르는 소리에 고개를 돌렸다. 그녀를 부른 건

최미영 주임이었다. 입사 때부터 쭉 한 부서에서 함께 근무해 온 최미영과는 언니 동생 하며 허물없이 지내는 사이였다.

"아, 언니."

최미영은 홍 대리가 윤서진에게 관심이 있었던 것도, 급기야 고백했다는 사실까지 알고 있었다. 그리고 윤서진이 오늘 홍 대리를 만나게 되었다는 것도 전해 들은 터였다. 윤서진을 직원 휴게실로 데리고 간 최미영은 자초지종을 듣고는 반색을 하며 말했다.

"결국은 거절할 모양이구나. 잘했다, 얘. 네가 뭐가 아쉽다고 홍 대리하고 만나니? 게다가 집안 좋고 회사에서 잘나가는 승리철강 서영규 과장이 너 좋다고 목매는 판에 말이야."

"그런 거 아니야. 정말 아직 어떻게 해야 할지 잘 모르겠어."

"생각하고 말고 할 게 뭐가 있니? 서영규 과장도 그러더라. 일 핑계로 커피 마시자고 하고, 공짜 표 생겼다고 같이 영화 보자고 하고 그런 뻔한 수작에 다 넘어가 주는 게 다 네가 너무 착해서 그런 거라고 말이야."

"뭐라고? 그게 무슨 말이야!"

아차 싶었는지 최미영은 말문이 막혔다.

"나랑 홍 대리님 사이에 있었던 일을 서영규 과장한테 다 말한 거야?"

"뭐 어떠니? 나야 주변에서 너 탐내는 사람 많으니까 긴장하고 너한테 더 잘하라고 한 말이지."

"언니, 정말…."

윤서진은 길게 한숨을 내쉬었다. 아무리 터놓고 지내는 사이라지만 사내 소식통으로 통하는 최미영에게 그런 이야기를 하는 게 아니었다. 윤서진은 먹먹한 가슴으로 창밖을 바라봤다.

●

"대신건설에서는 아직 연락 없냐?"

남윤창 과장은 홍 대리의 자리를 지나치다가 문득 생각났다는 듯 물었다.

"네, 아직…."

"뭐, 곧 연락 오겠지. 걱정하지 마라. 난 언제든 스탠바이니까."

자리로 돌아가는 남윤창 과장의 뒷모습을 바라보는 홍 대리의 마음은 편치 않았다. 아무렇지 않은 듯 말을 던졌지만, 사실은 그가 윤길성 이사와 골프를 함께할 수 있는 자리가 마련되기를 무척이나 조바심내며 기다리고 있다는 것을 잘 알고 있었기 때문이다.

서영규가 아버지를 통해 사적인 인맥을 동원할 수도 있는 불리한 상황에서 남윤창 과장은 어떻게든 서둘러 윤길성 이사의 마음을 사 우호적인 관계를 조성하려고 했다. 그리고 그 계획의 중심에는 바로 '골프'가 있었다. 요즘 그는 퇴근하면 열 일 제치고 골프 연습장에 가서 구슬땀을 흘리며 만반의 준비를 하고 있었다. 홍 대리는 그렇게까지 자기를 도우려고 하는 남윤창 과장이 고마울 따름이었다.

–꾸르륵

머릿속이 복잡한 와중에 갑자기 배에서 신호가 왔다. 홍 대리는 최근 스트레스가 과한 탓인지 늘 속이 편치 않아 화장실에 가는 일이 잦았다. 종종걸음으로 화장실에 도착해 변기에서 볼일을 보고 있는데 칸막이 건너편에서 목소리가 낯익은 두 사람의 대화가 들려 왔다.

"쯧쯧, 남윤창 과장도 이제 막차 탄 셈이네."

"그러게 말이야. 운이 없었지, 뭐."

인사과 최 과장과 해외영업부 윤 과장이었다.

"서영규, 그 친구가 포커스 이사 아들인 걸 숨겼던 게 화근이지."

"그렇지. 남윤창 과장이 그걸 알았으면 서영규 제치고 홍기덕을 대리로 밀었겠어? 제아무리 홍기덕이 맘에 들었다 해도 말이야."

"그 덕에 요즘 그 팀 실적 말이 아니잖아."

"그뿐이야? 그때 홍기덕을 대리로 진급시키는 바람에 서영규가 사표를 냈으니 회사 입장에서는 남윤창 과장 때문에 대어를 놓친 셈이잖아. 그때부터 미운털 제대로 박힌 거지, 뭐."

"남윤창 과장 아마 이번 대신건설 입찰 건이 물 건너가면 자리 차지하고 있기 어려울걸."

"대신건설 그 이사 양반이랑 서영규 아버지랑 친하다며? 그럼 뭐 벌써 게임 끝난 거지. 남윤창 과장 부하직원 하나 잘못 거뒀다가 쪽박 차게 생겼네."

"우리도 이제 부하직원들 집안 내력까지 파악해야 하는 거 아냐?"

"하하하, 그러게 말이야."

홍 대리는 그들이 화장실을 나간 뒤에도 한참을 화장실에서 자리를 뜨지 못했다. 남윤창 과장이 왜 그토록 이번 대신건설 납품에 절실하게 매달렸는지 이제야 모두 이해가 됐다. 그는 이번 건을 성사시킴으로써 홍 대리를 선택한 자신의 안목과 판단이 그릇된 것이 아니었음을 증명하지 못하면 사내 입지에 엄청난 손상을 입을 수밖에 없는 상황이었다.

●

윤길성 이사에게 편지를 보내고 사흘이 지난 후의 일이었다. 사고 소식을 듣고 부랴부랴 병원을 찾아간 홍 대리는 한쪽 다리에 깁스를 한 채 병상에 누워 있는 남윤창 과장을 보고는 망연자실했다.

"휴, 어제 골프 연습하고 나오다가 계단을 헛디뎠다."

"의사는 뭐라고 하던가요?"

"적어도 두 달은 깁스하고 있어야 한다더라."

"네?"

홍 대리는 눈앞이 깜깜해졌다.

'아, 이런 걸 두고 머피의 법칙이라고 하는 건가.'

이제 윤길성 이사와 골프 미팅을 하게 된다 해도 다 소용이 없게 된 것이다.

"그나저나 대신건설에선 연락 없었냐?"

"네, 아직…."

"흠, 어차피 우리 제안 거절할 모양인데 이참에 그냥 푹 쉬다 나가지, 뭐."

상황이 이쯤 되자 제아무리 낙천적인 성격의 홍 대리도 좌절할 수밖에 없었다. 홍 대리는 병원을 나서며 허탈한 마음을 가눌 수가 없었다. 대신건설 건에 신경 쓰느라 그간 소홀했던 다른 거래처라도 들를까 해서 발길을 옮기려는 찰나 핸드폰이 울렸다. 낯선 전화번호였다.

"한영철강 홍기덕입니다."

"여, 홍 대리 오랜만이네. 나 영규야, 서영규."

홍 대리는 뜻밖의 전화에 그 자리에 굳어진 채 한참을 서 있었다.

서영규가 바로 올 수 있냐며 부른 곳은 공교롭게도 며칠 전 그가 윤서진과 만났던 바로 그 커피숍이었다. 서영규가 한영철강을 그만둔 이후 첫 대면이었다.

"오랜만이네. 이제 홍 대리님이라고 불러야 하나, 하하."

자기를 곤경에 빠뜨려놓고는 아무렇지도 않은 듯 천연덕스럽게 인사를 건네는 서영규가 너무도 가증스러웠지만, 용건도 모른 채 다짜고짜 화를 낼 수는 없었다.

"나를 무슨 일로 보자고 한 거야?"

"왜긴, 한 달 뒤 일정 맞춰야지."

"한 달 뒤 일정?"

홍 대리는 서영규가 무슨 말을 하는지 영문을 알 수 없었다.

"아직 연락 못 받은 모양이네."

서영규는 능글거리는 미소를 지으며 말을 이었다.

"골프 말이야, 골프!"

"골프?"

"네가 윤길성 이사님한테 골프 한번 치자고 했다며?"

일순간 홍 대리는 머릿속이 복잡해져서 할 말을 잃었다.

'그럼 윤길성 이사가 골프 미팅 제안을 받아들인 건가? 하지만 남윤창 과장님이 다리를 다친 판에…. 그건 그렇다 치고 그 일정을 왜 서영규가 잡자고 드는 거지?'

다음 순간 가뜩이나 당황해 있던 홍 대리는 더 놀라지 않을 수 없었다. 커피숍 문을 열고 들어오는 윤서진을 목격했기 때문이다. 윤서진도 홍 대리와 눈이 마주치고는 뜻밖이었는지 잠깐 멈칫했지만, 서영규와 그가 앉아 있는 테이블로 걸어왔다.

"홍 대리님, 안녕하셨어요."

"아니, 서진 씨가 여기 어떻게…."

홍 대리는 얼떨떨한 표정을 지으며 물었다.

"내가 불렀다."

서영규는 의자에 등을 기대며 느긋하게 대답했다.

"이번 입찰 건 실무자가 우리 셋이잖아. 함께 일정을 맞춰야지."

여전히 어리둥절해 있는 홍 대리에게 윤서진이 말했다.

"어제저녁에 홍 대리님께도 메일 드렸었는데 아직 확인 못 하셨나 봐요."

홍 대리는 아침에 출근하자마자 남윤창 과장의 소식을 듣고 바로 병원에 오느라 미처 메일을 확인하지 못했다.

"서 과장님께도 같은 내용으로 메일 드렸었는데 오늘 보자고 바로 연락을 주셔서요. 결론부터 말씀드리면 이사님께서 홍 대리님 제안대로 골프 미팅을 하기로 하셨습니다."

"네?"

"단, 공평을 기하기 위해 승리철강 쪽도 함께입니다. 또 하나 제안하시길 실무자 간 미팅 전에 간부급 담당자들끼리 먼저 만나 대략적인 논의를 하자 하셨습니다. 실무자 미팅은 한 달 후, 그리고 간부급 미팅은 그전 주에 했으면 합니다. 두 차례 라운드 비용은 저희가 전적으로 부담할 거고요. 납품 제안서는 그 전에 제출해주시면 됩니다."

이제야 홍 대리는 자초지종이 이해가 되었지만 난처하지 않을 수 없었다. 남윤창 과장이 다리를 다쳐 함께할 수 없는 상황이기 때문이었다. 그렇다고 이제 와 딴말할 수도, 지키지도 못할 약속을 할 수도 없는 노릇이었다.

"서진 씨, 간부급 미팅에 참석하실 분은 사내 협의를 거쳐 알려 드리겠습니다만, 애초에 실무자로서 골프 미팅을 제안했던 남윤창 과장님이 며칠 전에 다리를 다치시는 바람에…."

"뭐야, 그럼 홍 대리 너라도 나와야지. 아, 너는 골프 못 치지? 그럼 진작 이야기를 했어야지. 아무 대책도 없이 어쩌자는 거야?"

서영규가 홍 대리의 말을 가로막으며 끼어들었다.

"하긴 고작 업무차 만나서 커피 몇 잔 마시고, 공짜 표 생겼다는 핑계로 영화 몇 번 본 것 가지고 사귀자고 덤비는 사람이라면 그렇게 무턱대고 일을 저지를 만도 하지만 말이야."

윤서진과 자신 간에 있었던 일을 모두 알고 있는 듯 말하는 서영규를 보며 홍 대리는 당황스럽지 않을 수 없었다.

"아니, 네가 어떻게…."

날카로운 윤서진의 음성이 들려온 것은 바로 그때였다.

"영규 오빠! 도대체 왜 이러는 거야?"

"뭐, 난 있는 그대로 말했을 뿐이잖아."

서영규는 별일 아니라는 듯 어깨를 으쓱거리며 커피잔을 집어 들었다.

'오빠? 서영규와 서진 씨가 오빠 동생 할 만큼 가까운 사이였던가? 설마 그렇다면…!'

홍 대리의 머릿속에서는 생각이 꼬리에 꼬리를 물었다.

"홍 대리님, 제 말 좀 들어보세요. 사실은…."

"됐습니다."

홍 대리는 뭔가 이야기하려는 윤서진의 말을 막으며 자리에서 일어났다.

"오늘 용건은 잘 전해 들었습니다. 저희야 당연히 오케이입니다! 그럼 한 달 뒤에 뵙죠."

그렇게 단호하게 내뱉고는 커피숍 출구를 향했다.

"홍 대리님! 홍기덕 씨!"

윤서진이 홍 대리를 불러 세우려 했지만 홍 대리는 돌아보지도 않고 문을 나섰다. 홍 대리는 커피숍을 나와 고개를 숙인 채 무작정 발걸음을 옮겼다. 자기와는 비교도 되지 않을 만큼 좋은 배경에다 초고속 승진으로 벌써 과장까지 단 서영규와 사귀고 있는 윤서진에게 개뿔도 없는 일개 영업사원 주제에 고백했다고 생각하니 쥐구멍에라도 숨고 싶은 마음뿐이었다. 지나치는 모든 사람이 자기를 보고 비웃는 것만 같아 고개를 들 수가 없었다.

더군다나 현실적으로 봤을 때 포기해야 마땅했을 골프 약속까지 홧김에 무턱대고 잡아버렸다. 홍 대리는 이 사태를 어떻게 감당해야 할지 눈앞이 캄캄했다. 그렇게 간절히 바랐던 대신건설 납품 업체 선정도, 윤서진의 마음도 이제는 영영 물 건너간 일이 되어버릴 것만 같았다.

“허, 어쩌려고 그랬냐?”

홍 대리는 상황 보고를 하기 위해 곧장 다시 병원을 찾았다. 자초지종을 들은 남윤창 과장도 난처하기는 마찬가지였다.

“지금이라도 다시 연락해서 취소하는 편이 낫지 않겠냐? 차라리 다음 기회를 노리자. 아무래도 이번 건은 우리와 인연이 아닌가 보다.”

하지만 그렇게 맥없이 포기할 수는 없었다. 전력을 다해 자신을 지원해주려고 했던 남윤창 과장이 큰 위기에 처할 수도 있는 터였다. 또 당찮은 이유로 벌써 몇 차례나 자신을 물 먹인 서영규에게 이번만큼은 절대 지고 싶지 않았다. 게다가 그토록 자기 마음을 사로잡았던 윤서진이 바로 그의 연인이라고 생각하니 더더욱 오기가 생겼다.

홍 대리는 심란한 표정으로 한참 동안 침묵을 지켰다. 그리고 마침내 입을 열었다.

“과장님, 제가 나가겠습니다.”

“뭐?”

“아직 한 달의 시간이 있습니다. 오늘부터 당장 골프를 배우겠습니다.”

남윤창 과장은 두 눈을 동그랗게 뜨고 홍 대리를 바라봤다.

“한 달 만에 머리를 올린다는 게 말이나 되는 소리냐?”

“머리를 올리다니요?”

“참 내, 처음 골프장 가는 걸 머리 올린다고 그러는 거야. 이런 것도 모르는 놈이 무슨…. 적어도 두세 달은 연습장에서 빡세게 연습해야 필드 나가서 그나마 망신은 면할 수 있는 게 골프라고.”

“그렇다고 해 보지도 않고 포기할 수는 없는 노릇 아닙니까? 제가 어떻게든 한번 해 보겠습니다.”

홍 대리는 그렇게 말하고는 망연자실해서 할 말을 잃은 남윤창 과장을 뒤로한 채 병실을 나서면서 마음을 다졌다.

‘앞으로 한 달이다. 그깟 골프 배우면 된다. 이번에는 절대 서영규에게 지지 않겠다.’

PART 2

홍 대리, 스윙에 눈뜨다

머리 올리기, 앞으로 한 달

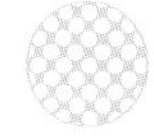

골프도 골프지만 제안서 준비로 발등에 불이 떨어진 터라 밤늦게 퇴근하여 집에 돌아와 침대에 몸을 뉘었지만 홍 대리는 머리가 복잡해 쉬이 잠을 이룰 수가 없었다. 이제는 죽으나 사나 골프를 시작해야 할 판이었다.

홍 대리가 남윤창 과장의 종용에도 불구하고 골프를 하지 않았던 데는 그럴 만한 이유가 있었다. 보필차 골프장에 갔을 때마다 보건대 고급 승용차에 딱 보기에도 값비싼 옷차림의 사람들만 드나드는 그곳은 자기처럼 아등바등 사는 사람이 갈 만한 데가 아니었기 때문이었다.

하지만 지금은 그런 탓하고 있을 때가 아니었다. 홍 대리에게는 이제 당장 골프를 시작해야만 하는 절박한 이유가 있었다. 다급한 마음에 홍 대리는 자리에서 일어나 컴퓨터를 켜고 인터넷으로 골프를 배우는 데 얼마나 드는지 알아봤다.

아니나 다를까 그 비용은 만만치 않았다. 실내 연습장의 경우 이용료가 레슨비를 포함해, 한 달에 17만 원 안팎이었다. 그리고 실외 연습장은 그보다 비싼 20만 원 선인데 레슨비는 별도여서 다달이 20~30만 원은 족히 들었다.

그뿐이라면 지금 붓고 있는 적금을 줄여서라도 해 볼 만하겠지만 고기를 잡으려면 일단 낚싯대가 있어야 하는 법이다. 골프채는 물론이고 골프화, 골프 장갑, 골프공 등을 사야 한다.

골프채는 최저가로 판다고 하는 인터넷 쇼핑몰에서도 풀 세트를 장만하려면 최소 100만 원이 들었고 웬만한 것은 200만 원이 훌쩍 넘어갔다. 골프화는 대략 20만 원 선, 장갑은 1~2만 원 정도였다. 이래저래 따지면 필드에 나가서 골프를 치기 위한 준비를 하는 데만 못 잡아도 250만 원 정도의 돈이 드는 것이다.

그리고 실제로 골프 게임을 하기 위해 골프장에 가면 그린 피green fee라고 하는 코스 이용료가 18홀 기준으로 대략 20만 원 정도고, 게임 보조 요원 격인 캐디를 이용하는 데 네 명 기준으로 대략 12만 원이 든다. 홀을 이동하는 데 쓰이는 카트를 대여하는 비용까지 합하면 결국 한 번 필드에 나갈 때마다 30만 원 가량이 든다는 이야기다.

인터넷 검색을 하다 포털사이트의 지식검색에서 찾은 한 문답의 내용은 홍 대리가 골프에 대해 가지고 있던 선입견을 확인시켜 주기에 충분했다.

Q : 골프를 잘하려면 어떻게 해야 할까요? 저는 싱글이 되고 싶습니다.

A : 싱글이 되기 위해서는 두 가지를 포기해야 합니다. 하나는 일, 하나는 가족입니다. 그만한 투자 없이 골프 실력은 늘지 않습니다. 그리고 가르쳐주는 선생님도 매우 중요하답니다. 싸다고 해서 실력 없는 레슨 프로에게 배웠다가는 나중에 후회합니다.

'역시 돈 많고 시간 남아도는 사람들이나 하는 게 골프인 건가.'

홍 대리는 모니터를 바라보며 허탈한 미소를 지었다. 인터넷상에서 얻은 정보로만 본다면 골프는 눈코 뜰 새 없이 바쁘고 늘 생활에 쪼들리는 월급쟁이가 할 만한 운동이 아니었다. 하지만 일단 골프를 시작하기로 마음먹은 홍 대리는 오히려 자신을 다잡았다.

'그저 골프나 한번 해볼까 하고 취미 삼아 배우려는 사람과 나처럼 절박한 이유가 있는 사람이 같을 수는 없지. 죽기 살기로 달려들면 어떻게든 수를 찾을 수 있을 거야.'

●

홍 대리는 다음 날 퇴근 후 사무실에서 가장 가까운 골프 연습장을 찾았다. 서울 시내에서 흔히 볼 수 있는, 사방에 그물이 둘러쳐진 실외 골프 연습장이었다. 남윤창 과장이 실제로 공이 날아가는 것을 봐야 자기 스윙을 제대로 확인할 수 있다고 조언을 해주었기 때문이었다. 홍 대리는 업무차 이곳저곳을 다니다 골프 연습장에서 대낮부터 휙휙 공이 날아다니는 것을 보면 세상에 참 팔자 좋은 사람 많다고 생각했었는데 자기가 그곳에 발을 들이게 될 줄은 몰랐다.

카운터에서 안내를 받아 일렬로 타석이 늘어선 연습장 내부로 들어서자마자 뜻밖에 낯익은 얼굴을 하나 발견했다. 바로 장충익이었다. 그는 타석을 하나 차지한 채 뭐가 그리 힘든지 땀을 뻘뻘 흘리고 있었다. 그러다가 자신을 바라보고 있는 홍 대리를 발견하고는 움찔하며 인사를 건넸다.

"아, 홍 대리님! 여, 여긴 어쩐 일로…."

장충익은 뭘 잘못하다 들키기라도 한 것처럼 난감한 표정이었다.

"그냥, 뭐…. 그건 그렇고 너 골프 배우기 시작한 거야?"

"이제 겨우 며칠 됐습니다."

장충익은 뒷머리를 긁적이며 말했다.

"매번 업무차 골프 칠 일 있을 때마다 과장님한테 부탁하기도 그렇고 다른 선배들 얘기 들어보니까 요즘 영업할 때 골프는 필수라고 하더라고요."

그러고 보니 장충익 옆에는 반들반들 새것 티가 팍팍 나는 골프채 가방이 놓여 있었다.

"그럼 저 클럽도…."

"저도 과장 되고 부장 되고 하면 어차피 골프 쳐야 할 텐데 기왕에 할 거면 빨리 배우는 게 나을 것 같아서…. 마음먹은 김에 카드로 확 질러버렸습니다."

선배보다 먼저 골프를 시작한 게 미안했는지 안절부절못하며 얼굴을 붉히는 장충익을 보니 홍 대리는 오히려 스스로가 부끄러워졌다.

"어떻게 오셨습니까?"

멋들어지게 골프복을 차려입은 한 사내가 둘에게 다가와 물었다.

"아, 홍 대리님. 이분이 제 코치님이세요. 이쪽은 저희 회사 홍기덕 대리님이시고요."

"안녕하세요, 실은 저도 골프를 배워 볼까 해서 들렀습니다."

"아, 그럼 먼저 사무실에서 등록부터 하시지요."

"일단 좀 둘러보고…. 기왕에 이렇게 됐으니 장충익 씨 배우는 것 좀 옆에서 봐도 될까요?"

"그러시죠. 충익 씨, 어떻게 똑딱이는 이제 좀 잘 되세요?"

'똑딱이?'

홍 대리는 나름 어깨너머로 골프 할 때 쓰는 용어는 많이 들어봤지만 똑딱이라는 것은 처음이었다.

"아니요, 아직 잘…. 한번 봐주시겠어요?"

코치가 일명 '오토 티업기'라 불리는 자동 공 공급기에 연결된 버튼을 누르자 공 하나가 고무 티 위에 놓였다.

그런데 장충익이 공을 쳐 내는 방식은 홍 대리가 이제까지 보아온 골프 스윙과는 전혀 다른 것이었다. 자세를 잡은 후 공을 치려는 반대 방향으로 클럽을 젖혀 무릎 높이 정도까지 올렸다가 쳐낼 때도 딱 그 정도 높이까지만 클럽을 올렸다. 그렇게 스윙 궤도가 한정되다 보니 클럽에 맞은 공도 고작 몇 미터 정도밖에 날아가지 않았다.

장충익이 그렇게 몇 차례 스윙하는 동안 코치는 자세가 어쩌니, 그립이 어쩌니 하며 조언을 했지만 홍 대리가 보기에 장충익의 스윙 자세가 나아지는 것 같지는 않았다. 오히려 코치가 뭔가 이야기할 때마다 그것에 신경이 쓰여 긴장해서인지 갈수록 공은 엉뚱하게 빗맞았다.

결국, 코치가 혼자 좀 더 연습해 보라고 하고는 자리를 뜨자 장충익이 한숨을 내쉬며 말했다.

"휴, 이게 일명 똑딱이라고 하는 건데 벌써 며칠째 이것만 하고 있어요."

"시계추처럼 클럽을 앞뒤로 왔다 갔다 해서 똑딱이라고 하나

보네."

"그런가 봐요. 코치 말로는 처음 골프 치는 사람이면 한 달 정도는 똑딱이만 해야 한대요."

'한 달?'

하지만 홍 대리에게는 시간이 채 한 달도 남아 있지 않았다. 장충익의 이야기에 당황한 홍 대리는 마음이 다급해져 코치에게 가서 물었다.

"코치님, 제가 사정이 있어서 그러는데 한 달 안에 필드에 나갈 수 있을 만한 실력을 쌓을 방법은 없을까요?"

"한 달이요?"

홍 대리의 물음에 코치는 두 눈을 동그랗게 떴다.

"음, 특별 단기 레슨이 있기는 합니다."

"아, 그런 게 있나요?"

"네, 매일 두 시간 개인 교습을 받고 한 시간 개인 연습을 하는 식으로 운영되는 과정이 있습니다. 그 진도를 잘 따라오기만 하면 한 달 만에 머리를 올리는 것도 불가능하지는 않지요."

결국, 적어도 매일매일 세 시간 이상을 골프에 매달려야 한다는 것인데 납품 제안서를 작성하느라 매일같이 야근해야 할 판인 홍 대리로서는 무리일 수밖에 없었다.

"그렇게 배우려면 레슨비가 얼마나 드나요?"

가격 이야기를 꺼내자 코치는 슬쩍 홍 대리를 위아래로 훑더니

똑딱
똑딱
12

맥이 빠지는 듯 말했다.

"저희로서도 시간과 공이 많이 들어가는 만큼 일반 레슨과는 차이가 크게 납니다. 비용에 대해서는 사무실에 가면 자세히 알려드릴 거예요. 그럼 저는 이만…."

딱 보기에도 고만고만한 샐러리맨인 홍 대리가 그만한 부담을 지면서까지 골프를 배우지는 않을 거라고 판단한 모양이었다. 아닌 게 아니라 시간적으로도 비용 면에서도 홍 대리가 그곳에서 특별 단기 레슨을 받는 것은 사실상 불가능했다. 홍 대리가 낙심하여 골프장을 나서려는데 여전히 똑딱이에 한창이던 장충익이 클럽을 놓고 달려와 불러 세웠다.

"홍 대리님, 등록 안 하고 그냥 가시게요?"

"어, 너니까 하는 이야기인데…. 실은 너도 알다시피 남윤창 과장님이 다리를 다치셔서 다음 달 대신건설 윤길성 이사와의 골프 미팅에 내가 직접 나가게 됐거든."

"그럼 하루라도 빨리 배우기 시작해야죠!"

"근데 여기는 나랑 잘 안 맞는 것 같아."

"그럼 이제 어쩌시려고요?"

"찾아보면 또 방법이 있겠지, 뭐. 그럼 열심히 배워라."

대충 얼버무리고 나오기는 했지만 홍 대리는 그래도 뭔가 답을 찾을 수 있으리라 기대하고 찾은 골프 연습장에서 더 막막한 이야기만 듣고 나니 오히려 마음이 무거워졌다.

큰돈 들이지 않고도 누구나 할 수 있다

업무 시간 회사 옥상은 늘 한산하다. 홍 대리는 옥상에 사람이 없는지 확인하고는 준비해 온 작대기 하나와 책을 꺼내 들었다. 뚜렷한 방법을 찾지 못했다고 해서 마냥 손 놓고 있을 수만은 없었기 때문에 오전에 잠깐 서점에 들러 골프 교본을 몇 권 사 온 것이다.

'도대체 뭔 소린지….'

가뜩이나 책과 멀리한 지 오래인 데다 생소한 용어들이 난무하는 글을 집중해서 읽는 것 자체가 고역이었다. 클럽 잡는 법, 공을 치기 전 준비 자세 등을 책에 나온 사진대로 따라 해봤지만 죄다 어색하기만 했다.

또 스윙하는 법을 여러 개의 구분 동작으로 나누어 그때마다 팔과 클럽의 각도는 얼마여야 한다느니 다리 모양은 어때야 한다느니 하는 식으로 설명을 해놓았는데 각각의 동작은 흉내 낸다 해도 그것들을 연결해 하나의 동작으로 만들기란 여간 어렵지 않았다. 한 구분 동작에 신경을 쓰다 보면 여지없이 다른 구분 동작이 흐트러졌다.

'참 내, 뭐가 이렇게 복잡하고 어려워?'

어렸을 때 동네 야구를 할 때도 그렇고 커서 배드민턴 같은 운동을 할 때도 그렇고 딱히 배우지 않아도 그냥 시합하다 보면 저절로 요령을 깨치고 실력이 늘었었는데 이놈의 골프는 왜 꼭 이렇게 어렵게 배워야 하는 건지 알 수가 없었다. 홍 대리는 짜증 난 김에 골프장이나 텔레비전에서 봤던 골프 스윙을 흉내 내 봤다. 작대기가 붕 소리를 내며 바람을 갈랐다.

'그냥 이렇게 하면 되는 거 아냐?'

그때였다.

"골프 연습 중인가 봐요, 홍 대리."

느닷없는 목소리에 홍 대리는 소스라치게 놀라 돌아봤다.

"앗, 부장님."

목소리의 주인공은 영업부 부장 이윤아였다. 사내에서 이름난 여장부로 남윤창 과장과 홍 대리가 속해 있는 한영철강 영업부를 진두지휘하는 그녀는 늘 그렇듯 오늘도 깔끔한 스커트 정장 차림을 한 채 도도한 표정으로 홍 대리를 바라보고 있었다.

"그게 아니라…."

직장 상사에게 업무 시간 중 옥상에 올라와서 딴청을 부리다 들킨 셈이니 홍 대리는 면목이 없었다.

"남윤창 과장한테 전화로 대신건설 골프 미팅 건에 대해 보고 받았어요. 간부급 미팅이야 내가 나가면 되지만, 실무자 미팅에 홍 대리가 직접 나가겠다고 했다면서요? 한 달 만에 골프를 배워서 말이에요."

"아…. 네."

"그럼 골프 레슨을 받는 건가요?"

"아니요, 어제 좀 알아봤더니 시간도 그렇고 비용도 그렇고 제 여건상 골프 연습장에서 한 달 안에 머리 올릴 수 있는 레슨을 받는 것은 무리더라고요."

홍 대리는 스스로가 민망했다. 이윤아 부장은 사내에서 골프를 잘한다고 소문이 자자했다. 그런 사람에게 골프 연습한답시고 작대기를 휘두르는 꼴을 보인 것이다.

"그럼 요컨대 홍 대리는 금전적으로나 시간적으로나 여유가 없는 사람도 배울 수 있는 골프 레슨이 필요한 거군요."

이윤아 부장은 흥미롭다는 듯 말했다.

"제 상황이 그렇다 보니, 그래서 일단 책으로 시작해 보려고…."

홍 대리는 그러면서 옆에 펼쳐져 있던 골프 교본으로 눈길을 돌렸다.

"그래, 그 책이 좀 도움이 되던가요?"

홍 대리는 고개를 저었다.

"제가 완전히 초짜이다 보니 책으로는 감을 잡기가 어렵네요."

이윤아 부장은 홍 대리가 손에 쥔 작대기와 골프 교본을 번갈아 보고 나서 딱하다는 듯 말했다.

"남윤창 과장한테도 넌지시 이야기하기는 했지만, 그냥 이번 건은 포기하고 차라리 다른 거래처 확보에 주력하는 게 낫지 않겠어요? 이번 대신건설 건이 물량이 크긴 해도 영업 일이 늘 뜻대로 되는 것만도 아니고, 서영규 과장과 엮인 것도 그렇고, 상황이 상황이니만큼…."

"안 됩니다."

한참 아래 부하직원이라 그런지 늘 자기에게 깍듯이 대하던 홍 대리가 자기 말을 끊고 나서자 이윤아 부장은 당황하지 않을 수 없었다.

"이번만큼은 빼앗기고 싶지 않습니다."

홍 대리는 단호한 목소리로 말했다.

"단지 이번 건을 놓치는 것으로 끝나는 일이면 저도 이렇게까지는 않을 겁니다. 우연히 알게 된 사실이지만 서영규랑 저랑 엮인 일 때문에 남윤창 과장이 난처한 상황이라고 들었습니다."

"…알고 있었군요."

"저를 믿고 끌어준 은인이 저 때문에 곤경에 빠졌는데 나 몰라라 할 수는 없습니다."

이윤아 부장은 그렇게 당차게 이야기하는 홍 대리를 보니 남윤창 과장이 왜 그토록 홍기덕을 지지하고 신뢰하는지 알 것도 같았다.

"또…."

"또 뭐죠?"

"막상 골프를 시작하기로 마음먹고 알아보다 보니 오기가 생기더군요."

"오기라…."

"네, 저는 당장 어떻게든 골프를 배워야 하는데 인터넷에서 알아봐도 그렇고 연습장에 가서 코치를 만나 봐도 그렇고 하나같이 저처럼 여유 없이 사는 사람이 하기 어려운 운동이라는 식으로 이야기하더라고요."

홍 대리는 결의에 찬 표정으로 말을 이었다.

"자꾸 다들 안 된다고만 하니까 '봐라, 골프가 뭐 대단하고 별난 운동이냐' 하며 보란 듯이 해내고 싶은 욕심이 생겼습니다."

"흠, 그렇군요."

홍 대리의 자초지종을 들은 이윤아 부장은 생각에 빠진 듯 잠시 침묵을 지켰다. 그리고 마침내 입을 열었다.

"홍 대리, 도와줄 방법이 있긴 한데…."

"네? 정말요?"

홍 대리는 이윤아 부장의 말에 뛸 듯이 기뻤다. 하지만 너무 뜻밖에 일어난 일이라 그런지 대번에 잘 믿기지 않았다.

"하지만 어떻게…."

"내 말을 못 믿는 눈치네요. 그럼 관두든가요."

"아닙니다!"

"호호, 그럼 오늘 퇴근 후에 회사 정문 앞에서 만나기로 해요."

●

퇴근 후 만난 이윤아 부장이 홍 대리를 데리고 간 곳은 회사 인근에 있는 '행복골프훈련소'라는 이름의 실내 골프 연습장이었다. 타석이 줄지어 서 있는 것은 실외 연습장과 마찬가지였지만 실내이다 보니 타석에서 4m 정도 앞에 스크린 천이 걸려있고 거기에 빔프로젝터로 골프장과 연습장을 구현해 놓은 시뮬레이션 연습장인, 이른바 스크린골프 연습장이었다.

'행복골프훈련소? 이름 참 독특하네, 교관이 가르치나?' 하는 생각을 하고 있을 때 이윤아 부장이 말을 걸어왔다.

"사실은 저도 홍 대리 같은 형편일 때 골프를 시작했어요."

타석이 다 차 있어 대기석에서 예약된 시간을 기다리는 동안 이윤아 부장이 이야기를 꺼냈다.

"예전에 영업 일을 시작했을 때 여자다 보니 아무래도 거래처 사람들과 관계를 틀 만한 계기를 만드는 게 상대적으로 어려웠죠."

당시에도 그랬겠지만, 철강 영업 특성상 거래처가 주로 건설,

설비 등 거친 분야다 보니 담당자가 남자인 경우가 많다.

"그때 시작한 게 바로 골프예요. 어떻게 해야 실적을 올릴 수 있을까 고민이 많았고 나름대로 연구도 많이 했어요. 그런데 보니까 의사 결정권을 쥔 거래처 키맨들은 죄다 골프를 하더라고요."

"아, 그때부터 이미 그랬군요."

"네, 그런데 막상 시작하려고 보니까 말처럼 쉽지가 않더군요. 저도 홍 대리보다 못했으면 못했지 나을 게 없었거든요. 쥐꼬리만 한 월급에 실적이 없어 늘 발품을 팔아야 하니 시간도 없지 누가 들으면 언감생심 골프가 웬 말이냐고 했을 법했죠."

"그런데 어떻게…."

"운이 좋았어요. 지인 중 한 분이 굉장한 사부님을 소개해주셨거든요. 그분이 없었다면 아마 그냥 포기했을지도 몰라요."

'사부님?'

홍 대리는 드디어 본론이 나오나 싶어 귀를 쫑긋 세웠다.

"어쨌거나 그렇게 골프를 배운 후 아니나 다를까 일하는 게 훨씬 수월해졌어요. 이전 같았으면 자리 한 번 마련하기가 하늘의 별 따기만큼 어려웠던 거래처 분들도 골프를 함께하며 자연스럽게 가까워질 수 있었거든요. 속된 말로 노는 물이 달라진 거죠."

골프 때문에 서영규에게 납품 건을 빼앗겼던 경험이 있는 홍 대리는 이윤아 부장의 이야기가 이해되고도 남았다. 서둘러 골프를 배우지 않으면 이번 대신건설 건도 결국 그렇게 될지도 모른다고 생각하니 홍 대리는 마음이 조급해졌다.

"그 사부님이 도대체 누군가요?"

"흠, 아직 일러요. 그분은 아무나 제자로 들이시지 않거든요. 일단 제가 사부님에게 배운 몇 가지를 가르쳐줄 테니 잘 따라오면 그때 사부님을 소개해줄게요."

예약시간이 되자 훈련소 매니저가 다가와 빈 타석으로 안내했다. 타석에 자리를 옮겨 이윤아 부장은 이야기를 계속했다.

"골프를 배울 때 가장 중요한 것은 두 가지예요. 그 첫 번째는…."

이윤아 부장은 중요한 이야기인지 잠시 뜸을 들인 후 말을 이었다.

"우선 골프에 대한 선입견과 거부감을 걷어내야 해요."

홍 대리가 남윤창 과장의 계속된 타박에도 골프를 배우지 않았던 게 바로 그 때문이었다.

"많은 사람이 골프는 그저 부자들의 전유물이라고 치부해버리죠. 잘사는 사람들이 있는 티 내려고 하는 운동이라고 골프에 대해 반감을 갖기도 하고 말이에요."

홍 대리는 어찌어찌하여 골프를 배우기로 마음먹기는 했지만, 아직 그런 의심을 버린 것은 아니었다.

"배우다 보면 차차 자연스레 깨닫게 되겠지만 어쨌든 그런 마음을 가지고 있다면 당장 버리세요. 그건 옛날이야기예요. 요즘 시대의 골프는 사람들의 선입견만큼 큰돈이 들지도 않고 누구나 즐길 수 있는 운동이 되었다는 걸 명심하세요."

나름대로 알아본 게 있는 홍 대리는 이윤아의 말을 쉽게 수긍할 수 없었다.

"하지만 골프채 장만하는 데만도 200만 원은 족히 들잖습니까?"

"한번 생각해 보세요. 요즘에 취미로 자전거 많이 타잖아요. 그 중에 열심인 분들이 타는 자전거 가격이 얼마나 하는 줄 아세요?"

"글쎄요?"

"200~300만 원이 훌쩍 넘는 경우가 많아요. 그렇다고 사람들이 자전거가 사치스러운 운동이라고 하지는 않잖아요. 그저 취미 생활을 하는 데도 그만한 투자를 하는데 업무상 큰 도움이 될 수도 있는 골프에 그 정도 비용을 아까워하는 게 바로 선입견 때문이에요."

그러고 보니 홍 대리 주변에도 이런저런 취미에 상당한 돈을 들이는 사람들이 종종 있었다. 음악을 좋아하는 한 친구는 오디오 장비를 사거나 음반을 수집하는 데 지출을 아끼지 않았고, 스노보드가 취미인 한 후배는 매년 겨울이면 주말마다 리조트에 가는데 이야기를 들어보니 비용이 만만치 않았다. 그렇다고 그들이 홍 대리보다 특별히 넉넉하게 사는 것은 아니었다.

"게다가 처음부터 굳이 골프 장비를 살 필요도 없어요. 보세요. 이런 연습장에 오면 웬만한 경우 골프채는 물론이고 골프 장갑,

골프화까지 다 공짜로 대여를 해줘요."

그러고 보니 연습장 한편에 종류별 골프채를 비롯한 장비들이 자유롭게 사용할 수 있도록 비치되어 있었다. 골프를 배우려면 당연히 클럽부터 사야 한다고 생각했던 홍 대리는 한결 마음이 놓였다.

"또 연습장도 꼭 회원으로 등록해서 월 회비를 내야만 쓸 수 있는 게 아녜요. 시간당 얼마, 공 한 바구니당 얼마 이런 식으로 만 원 안팎의 비용으로 저렴하게 이용할 수도 있어요."

"그럼 정말 배울 때는 그리 큰돈이 들지는 않겠군요."

"물론 자기 장비가 있고 매일매일 꾸준히 하면 더 좋겠지만 꼭 그래야만 하는 것은 아니라는 거죠."

사실 홍 대리가 섣불리 골프를 시작하지 못한 것은 무엇보다 비용에 대한 부담 때문이었다. 그런데 이윤아 부장의 이야기를 듣고 보니 입문 단계에서는 비용이 큰 문제가 되지는 않을 것 같았다.

"사치니 어쩌니 하면서 골프를 외면하는 것은 구시대적 발상이에요. 그리고 골프를 배울 때 중요한 두 가지 중 나머지 하나는…."

–우웅… 우웅…

그때 갑자기 타석에 딸린 테이블에 놓여 있던 이윤아의 핸드폰의 진동이 울렸다.

"네, 이윤아입니다. 아, 김 차장님. 잘 지내셨어요? 네, 네."

아마도 거래처에서 걸려온 전화인 모양이었다.

“김 차장님, 그럼 제가 바로 그쪽으로 이동하겠습니다.”

이윤아 부장은 통화를 마친 후 미안한 표정으로 말했다.

“홍 대리, 어쩌죠? 제가 급하게 볼일이 생겨서 지금 가봐야 할 것 같아요.”

“그럼 어서 가셔야죠.”

“미안해요. 대신 내일 점심 끝나고 여기서 다시 만나기로 해요. 사무실에는 제가 미리 얘기해놓을 테니 부담 갖지 말고요.”

“많이 바쁘실 텐데…. 그럼 먼저 와서 기다리고 있겠습니다.”

도움이 절실한 홍 대리는 이윤아 부장의 배려가 송구스러웠지만 그렇다고 마다할 수는 없는 노릇이었다. 먼저 연습장을 나서는 이윤아 부장의 뒷모습을 보면서 홍 대리는 두 번째 이야기를 마저 듣지 못해 궁금한 마음을 금할 수 없었다.

골프는 줄넘기보다 쉽다?

다음 날 홍 대리는 서둘러 점심을 먹고 다시 행복골프훈련소를 찾았다. 전에는 골프장에 갈 때도 연습장에 갈 때도 왠지 모르게 위축되곤 했는데 어제 이윤아 부장에게 들은 이야기가 있어서 그런지 오늘은 한결 마음이 가벼웠다.

훈련소는 점심시간이어서 그런지 어제저녁보다는 한산했다. 대기석에서 기다린 지 얼마 지나지 않아 이윤아 부장이 나타났다.

"아, 홍 대리. 제가 늦은 건 아니죠?"

"아닙니다, 제가 식사를 빨리했습니다."

"호호, 그래요. 그럼 시간이 얼마 없으니 바로 시작하죠."

"네, 어제 두 번째 이야기를 해주시다가…."

"아, 그랬죠. 골프를 배울 때 깨달아야 할 두 번째는…."

어젯밤부터 궁금한 마음에 속이 탔던 홍 대리는 숨을 죽이고 이윤아 부장의 말을 기다렸다.

“골프에 쓰이는 스윙은 너무 쉬워요. 배울 것이 없는 운동이고, 이미 할 줄 아는 운동이라는 거죠.”

“네?”

장충익이 레슨을 받는 모습을 봤을 때나 골프 교본으로 혼자 배워 보려고 했을 때나 홍 대리가 겪어본 바로 생각건대 스윙이 배울 것이 없고 쉽다는 이야기는 쉽게 이해가 되지 않았다.

이윤아 부장은 훈련소에 비치된 공용 연습 도구 중에서 뭔가를 두 개 들고 와 그중 하나를 홍 대리에게 건네며 말을 계속했다.

“이게 뭐 같아요?”

“글쎄, 꼭 채찍처럼 생겼네요!”

“맞아요, 채찍이에요.”

그러면서 이윤아 부장은 한 손으로 채찍질을 했다.

–획

채찍이 허공을 가르며 날카로운 소리를 냈다.

“제가 지금 뭘 했나요?”

홍 대리는 뭔가 그럴듯한 답을 해야 할 것 같았지만 딱히 떠오르는 게 없어 결국 있는 그대로 말했다.

“…음, 채찍질하신 거죠.”

“맞아요, 정답이에요. 골프 스윙은 그저 채찍질일 뿐이에요. 제가 하는 이 동작, 채찍질이 어려워 보여요?"

"아뇨, 그렇지만…."

"그리고 이런 동작을 돈을 주고 배워야 할 것으로 보이나요?"

"그건 아니지만…."

이윤아 부장은 대답을 주저하는 홍 대리를 밀어 타석에 세웠다.

"홍 대리도 한번 해 보세요. 채찍질은 누구나 할 수 있는 거잖아요?"

홍 대리는 선뜻 용기가 나지 않아 망설였다.

"골프 스윙을 하라는 것이 아니에요. 진심으로 채찍질을 한다고 생각하고 해봐요. 단지 옆으로 채찍질을 한다는 것이 좀 어색할 수는 있어도 채찍질은 우리 조상들이 수천 년 이상 해왔던 우리 유전자 속에 있는 운동이에요."

–휙

큰마음 먹고 시도를 했지만 역시나 이윤아 부장이 했던 것처럼 힘차게 휘두르지는 못했다.

"에구, 영 어색하죠?"

"호호, 무안해할 필요 없어요. 채찍에 물이 묻어 있다고 생각하고 물을 턴다는 느낌으로 몇 번만 더 해 보세요."

휙휙 물을 털다 보니 어느새 익숙해지기 시작했다.

"잘하고 있어요. 골프 스윙은 결국 그런 채찍질일 뿐이에요. 그런데 이런 채찍질로 공을 날려 보낼 수 있을까? 의심스럽죠?"

홍 대리는 자신의 마음을 읽고 있는 듯 정곡을 찌르는 이윤아 부장의 말에 깜짝 놀랐다.

"채찍질이 쉽기는 한데, 그것으로 공을 칠 수 있을 거 같지 않은데요!"

"하하하, 그리 생각하는 것이 당연하죠. 제가 하는 동작을 찬찬히 보세요."

이윤아 부장은 자동 티업기의 버튼을 눌러 매트 위에 공을 하나 올렸다. 그러고는 다시 한 손으로 7번 아이언을 들고 채찍질을 시작했다.

"좀 전에 제가 채찍을 들고 하던 운동과 골프 클럽을 가지고 하는 운동이 다른가요?"

"아뇨, 거의 비슷해 보이는데요."

"그래요. 프로들에게 물어도 같은 운동이라고들 이야기합니다."

이윤아 부장은 그 이야기가 끝나기가 무섭게 한 손으로 7번 아이언을 높이 들더니 공을 쳤다.

–탁

공이 부드럽게 날아서 70m 지점에 떨어졌고 때굴때굴 구르더니 80m에 이르렀다.

"와…."

홍 대리는 입을 다물지 못했다.

많이 알지도 못했지만 이제까지 스스로 알고 있다고 생각한 골

프 스윙에 대한 선입견이 완전히 무너져 내리는 순간이었다. 이윤아 부장은 채찍으로 휘두르는 동작과 클럽으로 휘두르는 몸짓을 번갈아 하면서 계속 공을 쳤다.

▶ 채찍질로 공을 치다

"와!"

홍 대리의 입에서는 절로 감탄사가 흘러나왔다. 클럽이 공을 때려낸 힘과 날아가는 공의 속도가 그가 생각했던 것과는 비교도 안 될 정도로 강했기 때문이었다. 자기 손목 굵기만큼도 안 되는 가냘픈 팔, 그것도 한쪽 팔로 그렇게 강하게 공을 때려낼 수 있다는 게 믿어지지 않을 정도였다. 아마 자기가 온 힘을 다해 던진다 해도 그만큼 세게 던지지는 못할 것 같았다.

"자, 어때요? 이렇게 한 손으로 클럽을 잡고 하는, 바로 채찍질 동작 안에 골프 스윙에 필요한 대부분의 운동 요소가 들어있어요. 두 손으로 클럽을 휘두르는 건 보다 안정적으로 휘두르기 위해서일 뿐이죠."

"아, 그럼 정말 골프만큼 쉬운 운동도 없겠네요."

"호호, 이제야 감을 잡았군요. 아차, 지금 몇 시죠?"

그러면서 이윤아 부장은 손목시계를 확인했다. 어느새 시간은 두 시를 훌쩍 넘어 있었다.

"저는 회의가 있어서 이제 슬슬 들어가 봐야 하겠네요. 오늘은 여기까지 하죠."

"아, 네."

홍 대리는 조금만 더 가르쳐 달라며 조르고 싶은 마음이 간절했지만, 이윤아 부장의 업무를 방해할 수도 없는 노릇이었고 사실 자신도 할 일이 산더미였다. 이윤아 부장은 홍 대리의 아쉬운 표정을 읽었는지 이야기했다.

"너무 조급하게 생각하지 말아요. 나와 이제 곧 뵙게 될 사부님을 믿고 알려주는 대로 잘 따르기만 하면 한 달이 아니라 10일 만에도 머리를 올릴 수 있으니까요."

'10일!'

홍 대리는 놀라지 않을 수 없었다.

"부장님, 그 사부님은 언제쯤 뵐 수 있을까요?"

"흠, 이틀만 더 퇴근 후 여기서 나와 만나기로 해요. 몇 가지만 더 내가 알려줄 테니 잘 이해하면 그때 뵙게 될 거예요. 사부님이 한 성격 하시는 분이라 저도 조심스럽네요. 아무나 소개해줬다고 꾸지람 듣기는 싫거든요."

"절대 그런 일 없도록 하겠습니다!"

"호호, 그럼 아무튼 내일 봐요. 오늘 집에 가서 좀 전에 내가 했던 것처럼 채찍질 연습만 좀 해 와요. 오른손, 왼손, 양손 순서로 번갈아서 200번 정도만 해 보세요."

"그런데 부장님, 저 집에 채찍이 없는데 무엇으로 연습을 하죠?"

"하하하, 그렇죠. 무엇을 가지고 해도 괜찮아요. 긴 수건이나 배드민턴 채처럼 가벼운 것을 가지고 해도 되고, 야구 방망이처럼 묵직한 거로 해도 되고요. 단 천장의 조명을 깨지 않도록 주의하고, 무엇을 들고 하든 내가 하는 일이 젖은 채찍질이라는 사실을 한시도 잊지 않으면 돼요. 여러 가지를 섞어서 하는 것은 더 좋고요."

홍 대리는 연습장을 나와 사무실로 돌아오는 길에 들뜬 마음을 가누기가 어려웠다.

'10일이라…. 정말 그렇게만 될 수 있다면….'

골프 스윙은 '면오소턴'만 알면 끝난다

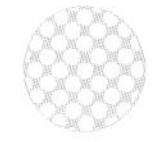

홍 대리는 태어나서 처음으로 스윙을 한 그날 밤잠을 이룰 수 없을 만큼 설렜다. 이윤아 부장과 함께한 이틀 만에 골프에 대한 선입견이 눈 녹듯이 사라졌고 자기도 모르게 어서 남들처럼 멋진 스윙을 하고 싶은 욕심이 생긴 것이다. 또 그 사부님이 누구인지 어서 만나고 싶은 마음이 간절했다.

"자, 오늘 가르쳐주는 게 어쩌면 골프 스윙의 모든 것이라고 할 수 있을지도 몰라요. 그만큼 중요하니 꼭 집중하도록 하세요."

다음 날 연습장에서 만난 이윤아 부장은 곧장 본론으로 들어갔다.

"어제 내가 골프 스윙을 뭐라고 했죠?"

"젖은 채찍질이라고 하셨습니다."

"호호, 자신 있게 대답하는 걸 보니 집에서 연습 좀 한 모양이네요?"

"네, 그런데 그게…."

10일 만에 머리를 올릴 수도 있다는 말에 자극받은 홍 대리는 퇴근 후 집에 가서 스윙 연습을 할 만한 것이 없나 뒤적거리다가 구석에 처박혀 있던 야구 방망이와 먼지가 뽀얗게 앉은 배드민턴 채를 발견하고, 쾌재를 부르며 연습 도구로 확정했다. 두 가지 도구를 못해도 삼사백 번은 훌쩍 넘게 휘둘렀던 것 같다. 이윤아 부장은 홍 대리에게 채찍을 주면서 스윙을 해보게 시켰다,

–휙 휙 휙 휙

"와, 많이 하긴 하셨네요. 어제보다 훨씬 스윙다워졌어요. 그런데 홍 대리, 지금 물이 어디에 뿌려지는 것 같아요?"

"예? 그냥 물을 뿌리는 거지, 특별히 어딘가에 뿌려야 하나요?"

이윤아 부장은 입에 미소를 머금은 채 말했다.

"지금은 단순한 채찍질이지만 결국 우리는 공을 날려 보내려 이 연습을 하는 것 아닌가요? 그러면 공이 있는 근처에 물이 뭉텅 떨어지게 터는 것이 좋지 않을까요?"

이윤아 부장은 손에 손수건을 들고 물을 터는 동작을 보여주면서 물이 쫙 길게 뿌려지는 동작과 한곳에 집중적으로 털어지는 모양의 차이를 보여주며 설명했다.

약간 낚아채는 것 같은 느낌으로 채찍질을 하니 물이 뭉텅 털

어지는 느낌이 들었다. 그건 우리가 세탁기에서 나온 빨래를 탈탈 털어서 빨랫줄에 널 때 하는 것과 다르지 않은 동작이었다.

"물을 한 점에 집중해서 뿌리는 듯한 느낌으로 샷을 해 보세요."

홍 대리는 손에 정말 빨래를 들고 있다고 생각하고 시원스럽게 채찍을 털었다.

"와, 대단해요."

"그렇게 하니 피니쉬에서 팔과 손이 완전 가벼워지죠?"

"예, 정말 신기하네요."

"결국, 공을 멀리 보낸다는 것은 골프 클럽 헤드의 스피드와 비례하는 것인데 한 점에 집중해서 물을 털면 털수록 헤드 스피드는 비약적으로 증가하는 거예요."

–휙 휙 휙 휙

"그만하면 됐고요, 저를 따라와 보세요."

한참을 말없이 바라보던 이 부장은 홍 대리를 불러 이상한 장비 앞으로 안내를 했다. 그 연습 장비는 도넛처럼 생긴 커다란 원판이었고, 골프 클럽을 닮은 넓적한 스윙 연습 도구가 그 옆에 놓여 있었다.

"끝에 가죽 술들이 달려있어 채찍이라는 느낌이 들 수 있도록 만든 이 연습 도구는 스윙몬스터고, 도넛처럼 생긴 이 커다란 원판은 궤도 연습기라고 해요! 이 두 가지 도구는 사부님이 직접 설계해서 만드신 건데, 초보자의 스윙 발전에 획기적인 역할을 해요."

홍 대리는 처음에는 정신이 없어서 잘 몰랐는데 행복골프훈련소라는 곳을 하루하루 드나들면서 보니 기존의 연습장에서는 볼 수 없는 각종 신기한 장치와 연습도구들이 여기저기 즐비하고, 벽과 천장에는 이런저런 교훈적인 문구와 그림들이 걸려있었다.

이윤아 부장은 원형 궤도 연습기 안으로 들어서면서 설명을 시작한다.

"지금부터 제가 설명하는 것을 잘 이해하면 지금까지 해 왔던 스윙에서 한 단계 훌쩍 성장할 테니 잘 들으세요. 스윙은 궤도 운동이에요. 골프채는 헤드, 샤프트, 그립으로 구성되어 있는데, 헤드와 샤프트가 그리는 면이 있겠죠? 스윙할 때 생기는 그 면을 스윙 궤도라고 하고 스윙을 잘하면 그 궤도가 하나의 반반한 면을 이룬다고 해서 스윙 평면, 스윙 플레인이라고 해요. 지금의 이 궤도 연습기는 그 스윙 플레인을 표현해 놓은 거죠. 우선, 제가 하는 것을 보세요"

이윤아 부장은 원형 궤도 연습기 안에서 스윙몬스터를 들고 천천히 스윙했다. 몇 번 반복해서 동작을 보여주더니 설명을 이어갔다.

"면을 맞춘다. 따라 해 보세요, 홍 대리."

"면을 맞춘다?"

"그래요, 이것만 이해하면 돼요. 사부님이 초보자를 쉽게 안내하기 위해 골프채가 가지고 있는 본질적인 물성을 아주 과장되게 표현해 놓은 것이 스윙몬스터인데, 이 도구는 보시다시피 면이 있죠! 면을 맞춘다는 것은 스윙몬스터의 면과 스윙 궤도기의 면을 맞추는 겁니다."

이윤아 부장은 면을 맞추면서 스윙하는 모습을 슬로우 모션으로 몇 번이고 반복해서 보여주었다.

"이제 홍 대리가 들어와서 직접 해 보세요."

아주 단순한 동작이고 직관적이어서 홍 대리도 겁 없이 궤도 연습기 안으로 들어섰다.

"그래요, 그렇게. 잘하고 있네요."

처음에는 어색했지만 열 번 정도 반복을 하니 이내 익숙해졌다.

"하다 보면 스윙몬스터의 면이 180도 뒤집히는 순간이 있죠?"

"예, 대충 몸의 중앙쯤에서 뒤집힙니다."

"그렇죠. 그렇게 뒤집히지 않으면 몸의 왼쪽에서 면과 면을 맞출 수가 없겠죠."

"그렇네요."

"그렇게 면이 뒤집히는 것을 골프 스윙에서는 로테이션 동작이라 불러요. 골프에서 공을 친다는 것은 탁구의 스매시 동작처럼, 자동차의 와이퍼처럼 클럽페이스가 회전 운동을 하면서 치게 되는 거예요. 스윙몬스터가 뒤집힌다는 이미지를 잘 그리고 느끼면서 스윙을 해 보세요."

"아하, 탁구의 스매시. 로테이션, 로테이션, 뒤집힌다, 뒤집힌다…."

홍 대리는 속으로 중얼거리면서 스윙 연습을 계속한다.

"이제 속도를 좀 내면서 해보세요. 조금 더 빨리."

−휙 휙 휙 휙

힘은 더 쓰고 있는데 속도가 늘지 않아 보이는 홍 대리에게 오윤아 부장이 물었다.

"그런데 홍 대리 채찍으로 물을 턴다는 느낌으로 하고 있나요?"

홍 대리는 면 맞추는 것에 정신을 집중하느라 채찍질을 잊고 있었다.

"아 참."

이윤아 부장은 웃으며 말을 이었다.

"다들 그래요. 하나에 집중하면 다른 하나를 잊죠. 이제는 물을 턴다는 이미지를 더해서 스윙을 해보세요. 단, 물을 오른발쯤에 턴다는 생각으로 하세요."

"예? 왜 오른발입니까? 공이 놓여 있을 만한 몸의 중앙에 털어야 하는 거 아닌가요?"

"하하하, 그렇게 생각하는 것이 당연하죠. 저도 사부님이 처음 말씀해주셨을 때는 좀처럼 이해가 안 되는 부분이었어요. 그런데 샷이 발전하면 할수록 스윙에 대한 탁월한 해석이라 감탄하고 있고요. 자, 내가 움직이지 않는 상태에서 휴지통에 휴지를 던질 때는 휴지통을 보고 던지면 되죠?"

"그렇죠."

"그런데 내가 달리면서 휴지통에 휴지를 던질 때는 어떻게 해야 합니까? 휴지통을 보고 던지면 휴지통을 지나쳐서 휴지가 떨어지겠죠?"

"예, 그래서 그것보다 더 전을 보고 던지죠."

"맞아요, 바로 그거예요. 스윙은 정적인 운동처럼 보이지만 순간적인 몸의 이동과 회전이 급격한 운동이에요. 체중의 이동과 몸통의 회전이 많지는 않지만, 굉장히 빠른 속도로 움직이죠. 프로들의 몸놀림은 거의 0.2초라고 해요. 그래서 공이 있는 부분에 털면 공을 지나쳐서 최대 스피드가 형성된다는 거예요. 사람마다 약간의 차이는 있지만 대체로 오른발쯤에 물을 턴다는 이미지로 해야 공이 있는 부분에서 최대 스피드가 형성된다는 겁니다!"

"아하! 그렇군요."

–휙 휙 휙

"아주 잘하고 있어요. 이제 혼자서 숙성하는 시간을 가져 보세요. 저는 멀리서 보고 있을게요."

"예!"

오른발쯤에 물을 털면서 궤도에 스윙몬스터의 면을 맞춘다고 생각하면서 스윙을 하니 어제의 스윙과는 다른 뭔가 골프 스윙다워지는 듯한 느낌에 홍 대리는 뿌듯해했다.

"자, 이제 그만."

10분 정도 지나 이윤아 부장이 홍 대리에게 다시 다가왔다.

"'스윙은 젖은 채찍질이다', '스윙은 궤도 운동이다'를 배웠으니 나머지 한 가지만 배우면 되겠군요. 골프 스윙의 마지막은…."

정말 중요한 이야기인지 이윤아 부장은 잠시 뜸을 들였다.

"바로 소리내기예요."

"소리요?"

"그래요, 클럽에 공이 맞는 순간에 운동의 속도가 빠를수록 더 멀리 날아가고 소리도 더 크기 마련이죠. 결국, 공이 날아가는 거리는 소리의 크기에 따라 결정되는 거예요. 소리가 나지 않는 스윙은 골프 스윙이라고 할 수 없어요. 그저 스윙 비슷한 무용일 뿐이에요. 그렇게 휘둘러서는 공이 날아가는 거리가 너무 짧을 테니까요."

클럽의 속도가 빠를수록 소리가 더 커지는 것은 당연한 이치였기 때문에 홍 대리는 고개를 끄덕였다.

"소리를 낸다는 것은 스윙 궤도의 특정 구간에서 가속을 붙이는 거예요. 그렇게 클럽 헤드의 움직임에 가속을 주면 임팩트 순간 가장 큰 무게감이 생길 테니 그 타이밍에 공이 맞으면 가장 유리하겠죠."

이윤아 부장의 설명은 상식적으로 생각했을 때 그리 이해하기 어렵지 않았다.

"하지만 방금 이야기했던 공이 맞는 타이밍은 이해를 도우려고 한 이야기예요. 실제로 스윙을 할 때는 그런 생각은 잊고 오로지 오른발쯤에서 물을 터는 것에만 집중해야 해요. 나중에 사부님을 만나면 배우게 되겠지만 골프 스윙은 공을 치는 게 목적이 아니거든요."

"네?"

골프 스윙의 목적이 공을 치는 게 아니면 도대체 무엇이란 말인지 홍 대리는 도무지 이해할 수가 없었다.

"호호, 내 말이 무슨 뜻인지는 차차 알게 될 거예요."

홍 대리는 궁금증을 이기기 어려웠지만 당장 닥쳐 있는 문제부터 해결해야 했다.

"부장님, 오른발쪽에 털려고는 하는데 잘 안되는 것 같아요!"

"꾸준히 반복하다 보면 저절로 알게 돼요. 그네처럼 흔들흔들하다가 그네를 굴러주듯 가속을 하면 소리가 나는데 소리가 나는 위치와 타이밍은 얼마든지 조절할 수가 있어요."

그러고는 이윤아 부장은 스윙몬스터를 가지고 흔들흔들 궤도를 따르다가 어느 순간 훽 소리를 냈다. 스윙몬스터의 끝에 가죽술이 달려있어 그런지 소리가 더 확실히 났다.

"이렇게 우리 몸은 이미 골프 스윙에 필요한 운동과 동작을 다 익히고 있거든요. 그걸 적절히 활용하는 방법만 알면 누구나 골프를 할 수 있는 거죠."

'누구나 골프를 할 수 있다….'

홍 대리는 그 말에 안심이 되면서도 아직 공 한번 제대로 쳐 본 적 없는 판국이었기 때문에 한편으로는 정말 잘 해낼 수 있을지

걱정이 됐다. 홍 대리의 걱정스러워하는 표정을 읽었는지 이윤아 부장은 마지막으로 다시 한번 시범을 보였다.

"스윙은 면을 따라 오른발쪽에 소리 나게 물을 터는 채찍질이다. 스윙은 면을 따라 오른발쪽에 소리 나게 물을 터는 채찍질이다."

이 부장은 계속 중얼거리면서 멋진 스윙을 보여주었다.

"홍 대리도 마지막으로 한번 해보세요."

홍 대리가 소리를 내면서 스윙에 몰입하려는 순간 이윤아 부장이 다시 끼어들었다.

"'스윙은 면을 따라 오른발쪽에 소리 나게 물을 터는 채찍질이다'를 중얼거리면서 연습하세요."

"예! 스윙은 면을 따라 오른발쪽에 소리 나게 물을 터는 채찍질이다."

"잘했어요. 그다지 어렵지 않죠?"

"네, 아직은 할 만한 것 같습니다."

"아직은? 아까도 말했듯이 이게 골프 스윙의 전부예요. 이제 반복 연습해서 스윙 궤도를 안정되게 만들기만 하면 돼요."

홍 대리가 미심쩍은 듯한 표정을 짓자 이윤아 부장이 말을 이었다.

"사부님도 늘 말씀하시지만, 일반적인 골프 레슨은 대부분 자세를 만드는 데 열을 올리죠. 요컨대 프로 선수들의 폼을 따라 하게 만드는 거예요. 사실 그런 폼이 아니어도 원리만 알면 얼마든지 혼자서도 배울 수 있는 것을 말이에요."

홍 대리는 지난번 연습장에서 땀을 뻘뻘 흘리며 똑딱이를 하고 있던 장충익과 그의 곁에서 시시콜콜 자세를 교정해주던 코치의 모습이 떠올랐다.

"결국, 골프 스윙은 '면오소턴'만 알면 다 배운 것과 마찬가지예요."

"면오소턴이요?"

"이제까지 홍 대리가 배운 것은 이렇게 정리할 수 있어요. '골프 스윙은 면을 맞추면서 오른발쯤에 소리 나게 물을 터는 채찍질이다' 여기에서 앞글자를 따면 바로 면오소턴이죠."

"그렇군요, 면오소턴! 혼자 연습할 때도 이렇게 중얼거려야 하나요?"

"그럼요, 잠재의식에 각인될 만큼 끊임없이 중얼거려야 해요. 중얼거리는 것이 완전히 몸에 배서 무의식적으로도 그 동작을 하게 되는 경지를 자동화된 상태라고 하는데 프로들은 그 경지에 이른 사람들이죠. 300만 번 정도 반복한 사람들이니까요. 홍 대리나 저를 포함한 모든 아마추어는 의식적으로 노력해야 겨우 그런 운동을 수행할 수 있는 사람들이고요!"

"부장님도 아직 자동화가 안 되었다고요?'

"그래요. 사부님은 이생에는 자동화가 안 될 거라 하시던데요? 그래서 면오소턴을 골프를 그만두는 그날까지 중얼거려야 한다고, 빈 스윙할 때는 물론, 샷을 하는 모든 순간에 떠올려야 한다고 얘기하셨어요. 호호. 암튼, 이제 소리를 잘 내는 법만 배우면 되겠네요. 설마 아까 낸 소리 정도에 만족하고 있는 건 아니겠죠?"

"아, 아닙니다."

"그럼 어떻게 해야 할까요?"

"그야 타이밍에 맞춰 팔을 더 세게 휘두르면…."

"그럼 저한테 더 배울 게 아니라 팔 힘 기르러 헬스장 같은 데 다니는 편이 낫겠네요."

그러고 보니 홍 대리가 생각하기에도 유명한 골프 선수 중에는 비교적 왜소한 체구로 남 못지않게 강한 샷을 쳐내는 사람이 꽤 있었다.

"어쨌든 오늘은 시간이 늦었으니 여기까지 하죠. 소리를 잘 내는 요령은 내일 또 만나서 알려 줄게요."

"앗! 그냥 오늘, 마저 알려주시면 안 될까요?"

"호호, 이것만으로도 알려준 게 많아요. 일단 집에 가서 혼자 한번 해 보세요. 스스로 직접 해보면서 시행착오를 겪어 봐야 다음에 배우는 게 머리에 쏙쏙 들어가면서 진짜 자기 것이 될 거예요. 그리고 집에는 궤도 연습기가 없잖아요, 이미지로 궤도를 떠올리면서 연습하세요."

▶ 면오소턴

"예."

하루하루 가는 게 안타까운 홍 대리는 아쉬운 마음을 감출 수 없었다.

“하지만 어쨌거나 홍 대리가 잘 따라줘서 내가 알려줄 것은 내일이면 다 마무리가 될 것 같은데요.”

“아! 그럼 사부님을 드디어 만나 뵙게 되는 건가요?”

“그렇죠.”

홍 대리는 이윤아 부장과 헤어져 집으로 돌아오는 길에 마음이 뿌듯했다. 한 달 만에 머리를 올리겠노라고 당차게 결심했지만, 막상 부딪힌 현실은 절망스러웠다. 하지만 하늘이 도왔는지 이윤아 부장을 만나 클럽을 처음 잡은 지 단 3일 만에 정말 많은 것을 배웠다.

‘면오소턴…. 골프 스윙은 면을 따라 오른발쯤에 소리 나게 물을 터는 채찍질이다.’

홍 대리는 다시 한번 오늘 배운 가르침을 마음에 새겼다.

스윙의 완성, '손보리'

"뭐, 이윤아 부장님?"

다음 날 오후 홍 대리는 외근을 나갔다 사무실로 복귀하는 길에 문병 차 남윤창 과장을 찾았다. 그는 홍 대리가 이윤아 부장에게 골프를 배운 이야기를 듣고는 고개를 갸우뚱했다.

"글쎄, 이윤아 부장님이 실력이 좋기는 하지만…. 근데 면오소턴이니 하는 이야기는 난생처음 들어봤다."

"솔직히 말씀드리면 저도 처음에는 지푸라기라도 잡는 심정으로 시작했는데 막상 부장님이 시키는 대로 하니까 정말 다 되더라고요."

"실내 골프 연습장에서 몇 번 쳐 보고 된단 안 된다 말하기는 선불러. 골프는 다른 운동하고 달라도 한참 달라. 더 늦기 전에 지금이라도 정식 레슨을 받는 편이 낫지 않을까?"

남윤창 과장은 걱정스러운 목소리로 말했다.

"이윤아 부장님이 제게 가장 먼저 가르쳐주신 게 바로 그런 선입견에서 벗어나는 거였어요. 골프 스윙이 특별하고 어려운 운동이라는 고정관념 말이에요."

장충익을 비롯한 대부분의 초보 골퍼가 그러하듯 똑딱이부터 시작해 골프를 배운 사람 중 하나인 남윤창 과장은 이윤아 부장이 했다는 이야기들을 선뜻 이해하기가 어려웠다.

"무엇보다 전 이제 진짜 해낼 수 있을 것 같은 자신감을 가지게 됐어요. 걱정하지 마시고 믿어주세요."

●

저녁 식사 자리가 생각보다 길어져 늦었다며 헐레벌떡 행복골프훈련소에 들어선 이윤아 부장은 단도직입적으로 이야기를 꺼냈다.

"소리를 잘 내는 법은 시간을 들여 꾸준히 연습하면 누구나 저절로 터득할 수 있어요."

"부장님, 하지만 아시다시피 제게는 시간이 한 달밖에…."

"걱정하지 말아요, 소리를 잘 내는 요령을 더욱 쉽게 익히는 방법이 있으니까. 백문이 불여일견이죠? 자, 내가 하는 걸 한번 봐요."

이윤아 부장은 그러고는 클럽을 들고 자세를 잡더니 공이 없는 채로 스윙을 한 번 했다. 클럽은 대기를 가르며 부웅 소리를 냈다.

"어? 오늘을 스윙몬스터가 아니라 실제 클럽을 가지고 스윙을 하는 건가요?"

드디어 골프 클럽을 잡게 된다는 흥분된 기분으로 홍 대리가 물었다.

"예. 어느 정도 빈 스윙이 자리를 잡는 것 같으니 오늘부터는 골프채를 가지고 연습을 할 거예요."

"골프채는 어떻게 잡는 거죠?"

"그냥 편하게 잡으세요."

홍 대리는 이윤아 부장의 이야기를 듣고는 타석 옆에 가져다 놓았던 클럽을 들어 야구 방망이를 잡듯이 양손으로 꽉 쥐어 보았다. 그러자 이윤아 부장이 난감한 표정을 지었다.

"흠, 내 말은 편하게 잡으라는 거지 아무렇게나 잡으라는 게 아니에요."

홍 대리가 민망한 듯 클럽을 내려놓자 이윤아 부장이 말을 이었다.

"자, 내가 시키는 대로 한번 해 보세요. 우선 양발을 어느 정도 편안하게 벌려 준비 자세를 취하세요. 그리고 양발의 중간쯤 공이 놓일 만한 지점에 클럽 헤드를 내려놓고 손잡이 부분은 왼쪽 허벅지에 기대 놓으세요. 그리고 양팔은 힘을 빼고 쭉 늘어뜨리고요."

이윤아 부장이 시킨 대로 발을 벌린 채 팔을 아래로 늘어뜨리자 홍 대리는 마치 원숭이 같은 모양새가 되었다.

"이제 왼손으로 팔꿈치 관절이나 손목의 각도를 바꾸지 말고 늘어져 있을 때의 상태를 그대로 유지한 채로 허벅지에 기대 놓았던 그립을 잡고 올려 보세요. 헤드는 땅에 그대로 놓은 채로요."

그랬더니 축 처져 있던 왼쪽 어깨가 저절로 올라갔고 그에 따라 척추도 오른쪽으로 살짝 기울었다.

"어때요, 자연스레 생명선 손금 부분을 따라 손잡이가 포개지고 손바닥보다는 손가락을 이용해 쥐게 되지 않나요?"

좀 전에 야구 방망이를 잡을 때처럼 주먹 쥐듯이 클럽을 잡았을 때는 주로 손바닥으로 쥐는 느낌이었다면, 헤드가 땅에 놓인 채 기대어 세워져 있는 상태 그대로 클럽을 잡으니 손가락만으로 길쭉하게 감싸 쥐는 듯한 느낌이 들었다.

"그 상태를 그대로 유지한 채 오른팔만 움직여 오른손으로 왼손 엄지손가락과 자루를 하나의 덩어리라 생각하고 잡아 봐요."

오른손이 왼손보다 더 아래로 가니 오른쪽 어깨는 늘어져 있을 때의 높이에서 큰 변화가 없었다.

"내가 지금 알려준 건 그저 자연스러운 골프 그립을 만드는 요령일 뿐이죠. 입문 단계에서는 일단 이 정도만 알고 있으면 돼요. 어때요, 지금 그 자세가 어색하거나 하지는 않죠?"

"네, 어제 혼자 연습할 때보다는 한결 자연스러운 것 같습니다."

그립에 대한 설명을 마치자 이윤아 부장은 몇 차례 스윙 시범을 더 보였다.

▶그림 특강

"어때요, 내가 지금 어제 홍 대리가 말했던 것처럼 팔 힘으로 스윙을 하는 것 같나요?"

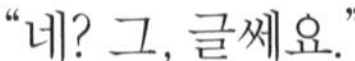

"네? 그, 글쎄요."

"자, 이걸 잘 보세요."

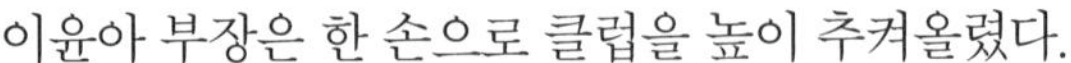

이윤아 부장은 한 손으로 클럽을 높이 추켜올렸다.

"놀라지 마세요."

그러더니 클럽을 손에서 놓아 그대로 바닥으로 떨어뜨렸다.

–쿵!

대번에 연습장에 있던 모든 사람의 눈길이 쏠렸다. 홍 대리가 생각했던 것보다 훨씬 더 묵직하고 큰소리가 났다.

"아무런 힘을 가하지 않아도 클럽 헤드와 공이 만날 때 충격이 이 정도예요. 바로 중력 때문이죠. 골프 스윙은 그 중력을 이용하는 거예요. 마치 씨름 선수가 상대의 무게를 이용해서 자기보다 무거운 상대를 모래판에 던지듯이 말이죠. 그리고 여기에 원 그리기를 할 때 생기는 원심력이 더해지면 그 힘이 비약적으로 커지지요. 골프 스윙에 쓰이는 힘은 그게 전부라고 해도 무방해요."

좀 전에 클럽이 떨어질 때의 소리와 충격을 경험한 홍 대리는 이윤아 부장의 말을 충분히 이해할 수 있었다.

"더 세게 휘두른답시고 팔에 힘을 주는 것은 중력에 의한 자연스러운 자유낙하 운동에 억지로 제동을 가하는 것과 마찬가지예요. 양팔을 비롯한 상체는 그저 클럽을 지탱할 뿐 클럽의 움직임에 되도록 영향을 미쳐서는 안 돼요. 최대한 수동적으로 되어야 하는 거죠."

홍 대리가 고개를 끄덕이자 이윤아 부장이 말을 이었다.

"그렇게 상체에 힘을 뺀 상태에서 자연스럽게 이루어지는 골프 스윙은 어깨를 축으로 원을 그리는 것이지만 클럽과 팔이 만나는 지점이 분절점이 되는 이중 진자운동으로 원을 그리는 셈이죠. 따라서 중력에 의한 원 그리기 운동으로 생기는 힘을 극대화하기 위해서는 무엇보다 손목이 부드럽게 풀리는 게 아주 중요해요. 아마추어들 대부분이 손목에 힘이 들어가서 그 힘을 약화하는 우를 범하죠."

홍 대리는 이윤아 부장의 말을 충분히 이해할 수 있었다. 지난 밤 집에 돌아간 홍 대리는 이윤아 부장이 시킨 대로 야구 방망이로 소리 내는 연습을 했는데 중력이나 원심력 같은 것은 안중에도 없이 어떻게 하면 팔을 더 세게 휘두를 수 있을지만 고민했기 때문이다. 하지만 아무리 해도 이윤아 부장이 냈던 것만큼 큰 소리를 낼 수 없었다.

"손목을 비롯한 상체의 힘을 뺀다는 게 말처럼 쉽지는 않아요. 공을 멀리 보내려고 마음먹으면 본능적으로 힘을 더 주기 때문이죠. 어쩌면 골프는 그 본능적인 욕구와의 싸움인지도 몰라요. 나중에 실제로 공을 쳐 보면 그 엄청난 욕구를 뼈저리게 실감하게 될 거예요."

그런데 홍 대리는 손목을 비롯한 팔에 힘이 들어가서는 안 된다는 이윤아 부장의 이야기에 수긍이 가면서도 한 가지 의심이 들지 않을 수 없었다.

"부장님, 어제 물을 털어서 소리를 잘 내려면 타이밍에 맞춰 가속을 붙여야 한다고 하셨잖아요. 그냥 휘두르기야 중력과 원심력만으로도 할 수 있다지만 팔 힘을 전혀 사용하지 않으면 어떻게 그 가속을 만들 수 있나요?"

"좋은 질문이에요. 결론부터 이야기하자면 그 가속은 걷기로 만드는 거예요."

"걷기요? 그럼 스윙을 하면서 걷는다는 말씀이세요?"

"그래요, 그렇다고 자리를 옮기는 것은 아니지만 골프 스윙은 분명 걸으면서 하는 운동이에요. 자, 내가 하는 걸 한번 봐요."

그렇게 말한 이윤아 부장은 클럽을 놓고 뒷짐을 졌다. 그러고는 발을 바닥에서 떼지 않은 채 체중을 양발에 번갈아 실으며 기우뚱기우뚱 움직였는데 정말 제자리걸음을 하는 것처럼 보였다.

그러다가 옆에 놓았던 클럽을 들어 스윙 모습을 다시 보여주었는데 하체의 움직임은 좀 전에 뒷짐을 쥐고 할 때와 전혀 다른 바 없었다. 자세히 보니 클럽 헤드가 원운동의 최저점에 이르기 전에 걷는 동작으로 무게 중심이 오른쪽에서 왼쪽으로 이동하면서 떨어지는 클럽에 가속을 준다는 것을 알 수 있었다.

"체중 이동으로 이렇게 살짝 굴려줌으로써 가속을 주는 거죠. 그리 어려워 보이지 않죠? 자, 홍 대리도 한번 해 보세요."

처음에는 제자리에서 오른쪽 왼쪽 무게 중심을 이동한다는 게 영 어색하게 느껴졌지만 몇 번 하다 보니 금세 익숙해졌다.

"부장님, 그런데 제가 가진 골프 교본에 보니까 스윙을 할 때 몸의 축이 움직여서는 안 된다고 돼 있던데…."

"책에서도 레슨에서도 그렇게 이야기하는 경우가 많은데 사실 움직이지 않는 게 아니라 되도록 움직임을 제한해야 한다고 해야 맞죠. 지금 홍 대리가 걷는 것처럼 연습을 반복하다 보면 동작이 간결해져서 움직임이 거의 느껴지지 않을 정도로 절제된 자세가 만들어지는 거죠. 검도, 권투, 농구에서도 잘하는 선수일수록 움직임이 군더더기 없이 일사불란하잖아요?"

"아, 그렇죠."

"그런데 처음부터 움직이지 말라고 하면 정작 몸에 익혀야 할 것들을 제대로 습득하지 못하게 돼요. 그래서 사부님은 어딘가를 고정하라거나 움직이지 말라는 식으로 겉모양 만드는 데 치중하는 레슨을 대한민국 골프가 앓고 있는 치명적인 병이라고까지 이야기하셨어요."

홍 대리가 혼자 골프를 시작하려고 샀던 책에도 별다른 설명 없이 다리 모양에서 손가락 모양 하나하나까지 일일이 지시되어 있었다. 하지만 공 한 번 제대로 쳐 본 적 없는 초짜 수준에서 거기에 나온 그대로 따라 한다는 것은 사실상 불가능했다.

"자, 이제 문제는 면을 따라가던 클럽이 소리를 잘 내도록 걷는 타이밍을 찾는 거죠. 즉, 그 리듬감을 익혀야 해요."

"리듬감이요?"

"어린아이가 타고 있는 그네를 밀어준다고 생각해 보세요. 타이밍만 잘 맞추면 아주 살짝만 밀어줘도 속도가 붙을 거예요. 하지만 타이밍이 너무 빠르면 힘이 더 많이 들 테고, 너무 늦으면 이미 그네는 지나간 후겠죠."

홍 대리는 그 이야기만으로도 이윤아 부장의 의중을 파악할 수 있었다.

"원 그리기 운동에 가장 효과적으로 가속을 붙일 수 있도록 구르는 타이밍을 몸에 익혀야 한다는 말씀이시군요."

"맞아요. 스윙을 반복하는 것만으로 자연스럽게, 더욱 빠르게 리듬감을 익힐 수 있는 좋은 방법이 있지요."

홍 대리는 안도의 한숨을 내쉬었다.

"홍 대리, '에델바이스'란 노래 알아요?"

"네, 그럼요."

"에델바이스 박자가 어떻죠?"

홍 대리는 박자를 확인하기 위해 곡을 흥얼거려 봤다.

"에-에-델-바—이스, 쿵-짝-짝-쿵-짝-짝…."

"맞아요, 쿵짝짝 쿵짝짝. 이렇게 8분의 6박자죠. 스윙 연습을

에~ 에~ 델 바~~ 이 스
6
8

할 때 콧노래를 흥얼거리며 그 리듬에 맞춰 보세요."

이윤아 부장은 클럽을 다시 들어 자세를 잡고는 정말 노래를 부르면서 연달아 스윙했다.

"에-에-델…."

박자에 맞춰 오른쪽으로 클럽을 끌어올렸다가 아래로 휘둘렀다.

"바--이스."

–부웅

정말 곡의 리듬과 스윙의 동작이 잘 어울렸다.

"이렇게 일정한 리듬을 바탕으로 연습을 하면 어떤 타이밍에 어떻게 움직여야 하는지 감을 잡기가 훨씬 수월하죠."

"그렇겠군요."

이윤아 부장이 클럽을 내려놓으며 말했다.

"오늘 배운 것, 즉 소리를 잘 내기 위한 세 가지 핵심을 다시 한 번 정리해 보죠. 먼저 중력의 힘을 이용한 원 그리기 운동이 방해를 받지 않기 위해서는 상체에 힘을 빼야 하고 무엇보다 손목이 부드럽게 잘 풀려 있어야 해요. 그리고 원 그리기 운동에 가속을 주기 위해서는 타이밍에 맞춰 무게 이동을 하며 잘 걸어야 하죠. 마지막으로 그 일련의 동작의 리듬감을 익혀야 하고요. 즉, '손보리'를 잘해야 해요."

"손보리요?"

"호호, 면오소턴처럼 앞글자를 딴 거예요. 손목 풀기의 '손', 걷는 것, 즉 보행의 '보', 리듬감의 '리', 이렇게 해서 손보리죠."

▶ 손보리

'면오소턴, 손보리…. '

홍 대리는 이윤아 부장과 나흘간 만나면서 얻은 두 가지 가르침을 되뇌었다.

"자, 내가 가르쳐줄 수 있는 것은 여기까지예요. 이렇게만 알아도 혼자서도 얼마든지 스윙 연습을 할 수 있어요."

"그럼 이제 드디어 사부님을 만날 수 있게 되는 건가요?"

"네, 단 숙제가 하나 있어요."

'숙제?'

빈 스윙만이 살길이다

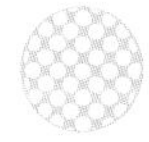

"형, 이 야밤에 뭐해? 야구 방망이 들고?"

밤 열한 시께 어디서 술 한잔하고 왔는지 귀가가 늦은 동생 기환이 집 마당에서 야구 방망이를 휘두르고 있는 홍 대리를 보고는 말을 걸었다.

"어? 아무것도 아냐. 빨리 들어가 쉬어."

겸연쩍은 홍 대리는 연습을 멈추고 딴청을 피우며 말했다.

"별일이네."

현관을 향하던 기환은 뭔가 생각났다는 듯 뒤돌아보며 물었다.

"아, 그나저나 그때 그 고백했다는 거래처 직원하고는 어떻게 됐어?"

홍 대리는 못 들은 척 괜스레 야구 방망이를 만지작거렸다. 기환은 눈치를 챘는지 더 묻지 않고 집으로 들어갔다.

"형도 빨리 들어와."

홍 대리는 며칠간 매일같이 이윤아 부장과 함께하느라 윤서진과의 일을 잠시나마 잊고 지낼 수 있었다. 하지만 그렇다고 마음의 상처가 다 가신 것은 아니었다.

'이럴 때가 아니야. 더는 마음 쓰지 말자.'

홍 대리는 머리를 가로저었다. 그리고 다시 연습을 시작했다.

이윤아 부장이 내준 숙제는 3일 동안 공 없이 하는 스윙, 즉 '빈 스윙'을 1천 번 해오는 것이었다.

"스윙 실력은 빈 스윙 횟수와 비례해요."

이윤아 부장이 3일 전 숙제를 내주며 한 말이다.

"사부님은 하루 200번 일주일에 1천 번 이상씩은 꾸준히 빈 스윙을 해야 제대로 된 스윙을 할 수 있다고 하셨어요. 하지만 상황이 상황인 만큼 더 열심히 해야겠죠?"

'3일에 1천 번을 하려면 하루에 300번 이상씩 해야 하는데…. 완전히 중노동이겠구나. 그나마 내일부터 주말이라 다행이네.'

홍 대리가 난감한 표정을 짓자 이윤아 부장이 말했다.

"말이 1천 번이지 내가 가르쳐준 요령대로만 한다면 전혀 힘들게 없어요. 이미 말했듯이 골프 스윙은 중력의 힘을 이용하는 거예요. 중력에 의한 원 그리기 운동에 걷는 동작으로 그네를 굴러서 가속을 붙여주는 것뿐이죠. 그럼 결국 중력과 체중 이동 이외에 들어가는 힘은 사실상 거의 없는 셈이죠."

"아, 그래서 '힘 빼기 3년'이란 말까지 나온 거군요."

홍 대리는 골프장에서 사람들이 하는 이야기나 인터넷을 통해 이 말을 몇 번 들어본 적이 있었다.

"호호, 그런 말도 들어봤어요? 맞아요. 그만큼이나 상체의 힘을 빼는 게 중요하죠. 빈 스윙을 할 때는 '이렇게 하면 정말 100번도 계속할 수 있겠구나' 싶을 만큼 힘을 빼야 해요. 물론 실제 스윙 때도 마찬가지지만요."

"네."

"또 한 가지 빈 스윙을 할 때 염두에 두어야 할 것이 있어요."

이윤아 부장은 다시 클럽을 집어 들었다.

"궤도 연습기의 평면이 어딘가를 향하고 있는 거잖아요. 그냥 무작정 휘두르는 게 아니라 특정한 방향에 대한 의지가 분명한 스윙이고 스윙 연습이어야 해요."

그리고 빈 스윙을 시작하며 말을 이었다.

"결국, 골프 스윙의 목적은 자기가 원하는 한 지점으로 공을 날려 보내는 거예요. 그런데 클럽이 그리는 원의 궤도가 매번 다르다면 절대 그렇게 할 수 없겠죠. 빈 스윙을 하는 것은 반복을 통해 클럽이 그리는 원의 궤도가 일관성을 띠도록 만드는 거예요. 그러려면 공 없이 하는 스윙이라도 늘 명확한 지향점을 가지고 휘둘러야 하죠."

아닌 게 아니라 이윤아 부장의 계속된 빈 스윙은 한눈에 보기에도 그 궤도가 일정했고 바닥을 스칠 때도 거의 한 지점에 집중되었다.

"앞으로 3일간 빈 스윙을 할 때는 늘 '백'과 '향', 이 두 가지를 잊어서는 안 돼요."

"네? 백과 향이요?"

"'백' 번도 할 수 있는 스윙인지, 한 지점을 '향'하고 있는지 말이에요."

'백향이라….'

면오소턴, 손보리에 이어 이윤아가 전해준 세 번째 메시지였다.

"그런데 부장님, 외람된 질문입니다만 그럼 제가 1천 번을 채웠는지는 어떻게 확인하시나요?"

"왜, 날 속이려고요?"

"그런 건 아니지만…."

"호호, 걱정하지 말아요. 진짜 했는지 안 했는지는 바로 티가 나거든요. 내가 아까 말했죠? 스윙 실력은 빈 스윙 횟수와 비례한다고 말이에요."

"그럼 앞으로 3일간은 공을 전혀 안 쳐 봐도 괜찮은 건가요?"

"네, 혹시 기회가 있더라도 치지 마세요. 빈 스윙의 감을 익히는 게 우선이니까요. 연습장에 올 것도 없이 그냥 집에서 하세요."

"집에 클럽이 없어서…."

홍 대리는 멋쩍은지 머리를 긁으며 말했다.

"꼭 클럽으로 하지 않아도 상관없어요. 어느 정도 무게가 있고 골프 클럽과 길이가 엇비슷한 거면 아무거나 상관없어요. 중요한 건 스윙의 리듬감을 익히고 궤도의 일관성을 확보하는 거니까요. 고무호스처럼 탄성이 있어 출렁출렁 움직이는 거면 리듬감을 익히기에는 더 좋을 거예요."

그리고 3일 동안 아침저녁으로 30분씩 시간을 내 빼먹지 않고 빈 스윙을 한 결과 오늘 밤 홍 대리는 마침내 약속대로 1천 번을 완성했다.

▶클럽 없이 스윙 연습하기

▶연습도구 활용법

<김사부의 원 포인트 레슨>

1. 골프 스윙은 '면오소턴'이다.

○ **소리를 잘 내기 위해서는 '손보리'를 해야 한다**

__ **'손'목이 부드러워야 한다:** 골프 스윙은 팔 힘으로 하는 것이 아니라 클럽의 무게에 가해지는 중력을 이용하는 것으로 양팔을 비롯한 상체는 그저 클럽을 지탱할 뿐, 클럽의 움직임에 되도록 영향을 미쳐서는 안 된다. 이를 위해서는 쌍절곤의 접합 부위처럼 손목이 부드럽게 풀리는 것이 아주 중요하다. 그래야 팔과 클럽이 마치 이중 진자 운동처럼 움직일 수 있게 된다.

__ **'보'행, 즉 걷기를 잘해야 한다:** 중력을 이용한 클럽의 원운동에 가속을 가하는 것은 팔 힘이 아니라 양발의 체중 이동과 골반이 회전하는 힘이다. 꾸준한 연습을 통해 골프적으로 걷는 운동을 습득해야 한다.

__ **'리'듬을 잘 타야 한다:** 골프 스윙은 8분의 6박자 운동이다. 에델바이스 등 8분의 6박자 곡을 흥얼거리면서 그 리듬에 맞춰 연습하면 어떤 타이밍에 어떻게 그네를 굴러줘야 하는지 감을 잡기가 수월하다.

2. 스윙 실력은 빈 스윙 횟수와 비례한다

빈 스윙이란 공 없이 휘두르는 스윙을 말한다. 공을 쳐 내는 것이 목적인 스윙이 아니라 오로지 '면오소턴' 자체에 집중해서 클럽을 휘두르는 연습을 꾸준히 해야 한다. 하루 200번, 일주일에 1천 번 이상씩은 꾸준히 빈 스윙을 해야 제대로 된 스윙을 할 수 있다.

○ 빈 스윙 연습 때 두 가지 점검 사항, '백'과 향'

_ **'백' 번 할 수 있나?**: 골프 스윙은 내 힘으로 하는 것이 아니라 중력을 이용하는 것이다. 따라서 힘든 스윙은 잘못된 스윙이다. 백 번도 계속할 수 있는 스윙이어야 한다.

_ **'향'하고 있는가?**: 클럽이 그리는 원의 궤도가 매번 다르다면 절대 공을 원하는 곳으로 보낼 수 없다. 빈 스윙의 목적 가운데 하나는 반복을 통해 클럽이 그리는 원의 궤도가 일관성을 띠도록 만드는 것이다. 이를 위해서는 늘 명확한 지향점을 가지고 휘둘러야 한다.

PART
3

골프 도사 김헌을 만나다

스윙과 샷은 다르다

숙제를 마친 다음 날 퇴근 후 이윤아 부장과 만나기로 한 곳은 회사 정문 앞이었다. 이날은 이윤아 부장이 먼저 약속 장소에 나와 있었다.

"부장님, 안녕하십니까?"

"아, 왔어요? 그럼 바로 갈까요?"

"네? 어딜…?"

"어디긴요. 이제 사부님 뵈러 가야죠."

"하지만 아직 숙제한 걸 확인하지 않으셨는데…."

"호호, 왜요? 숙제를 안 했나요?"

홍 대리는 깜짝 놀라 손사래를 치며 말했다.

"아닙니다! 다 했습니다."

"나흘 동안 연습장에서 홍 대리가 배운 태도를 보건대 충실하게 했으리라 믿어요. 또 저보다는 사부님께서 보시는 게 정확할 거고요."

이윤아 부장이 홍 대리를 데리고 간 곳은 시내에 있는 한 허름한 4층짜리 건물이었다.

"여기예요."

"네? 그 사부님이란 분께서 여기 계세요?"

골프를 배우는 곳이면, 게다가 그렇게 훌륭한 골프 코치가 운영하는 곳이라면 의당 근사한 골프 연습장일 줄 알았던 홍 대리는 의아하지 않을 수 없었다.

"네, 이 건물 옥상이에요. 따라 올라오세요."

'옥상?'

엘리베이터조차 없어 한 층, 한 층 계단을 올라 꼭대기 층에 이르니 옥상으로 향하는 출입구에 액자로 된 간판이 하나 걸려있었다. 거기에는 붓글씨로 이렇게 적혀 있었다.

-행복골프학교

'골프 학교?'

홍 대리는 고개를 갸웃했지만, 한편으로는 '사부님'이라는 칭

호와는 잘 어울릴 법한 이름인 것 같기도 했다.

출입구에서 계단으로 이어진 옥탑 문을 열고 들어서자 안에는 말쑥하게 정장을 입은 노신사부터 알록달록한 차림의 중년 아줌마까지 대여섯 명의 사람이 옹기종기 모여 담소를 나누고 있었다.

옥탑치고 제법 넓은 내부에는 소파, 테이블을 비롯한 집기들이 들어서 있어 교무실 같은 느낌을 주는데, 한편에 칠판과 책걸상이 있어 교실에 들어선 느낌도 들었다. 그 옆에는 연습용 골프 타석이 하나 덩그러니 설치되어 있었다.

"사부님, 안녕하세요."

이윤아 부장은 소파에 앉아 장기를 두고 있던 두 사람 중 한 명에게 인사를 건넸다.

'저 사람이 그럼….'

허름한 차림에 허리가 구부정한 그는 쉰 살은 훌쩍 넘어 보였고 얼핏 보기에도 홍 대리가 알고 있던 골프 선수나 코치의 이미지와는 상당히 거리가 있었다.

"어, 이윤아 부장. 오랜만이네."

"말씀드렸던 사람 데리고 왔어요. 홍 대리, 인사드려요. 이분이 김헌 사부님이에요."

"아, 그 한 달 만에 머리 올리겠다고 덤빈 게 바로 자넨가?"

"네, 홍기덕이라고 합니다. 잘 부탁드립니다."

막상 얼굴을 마주하고 인사를 나누면서 보니 걸걸한 목소리에

안경 너머 날카로운 눈매가 심상찮은 분위기를 풍겼다.

"그래, 얼마나 했어?"

김헌 사부는 다짜고짜 물었다.

"네?"

"빈 스윙 말이야, 빈 스윙."

"아, 네. 1천 번 정도 했습니다."

"흠, 그래? 그럼 저기 가서 한번 해 봐."

김헌 사부가 가리킨 타석에는 연습장에서 이윤아 부장에게 배울 때 썼던 7번 아이언이 하나 놓여 있었다. 홍 대리는 우물쭈물하며 말했다.

"그런데 실은 제가 아직 골프채가 없어서 그냥 집에 있는 야구방망이로 연습을 했는데…."

"골프채가 뭐 별거야? 야구 방망이로도 했으면 골프채로는 더 잘하겠네. 빨리해 봐."

연습장에서는 다른 사람들도 각자 자기 타석에서 연습하고 있었기 때문에 그들의 시선을 신경 쓸 필요가 없었다. 그런데 여기 모인 사람들은 홍 대리가 이곳에 들어왔을 때부터 그를 쭉 주시하고 있었기 때문에 빈 스윙이라고는 해도 홍 대리로서는 아직 부족한 실력을 내보이기가 민망했다.

홍 대리가 계속 망설이자 김헌 사부는 돌아서며 말했다.

"싫으면 할 수 없지. 두던 장기나 마저 둬야겠군."

漢

"잠깐만요, 사부님!"

홍 대리는 다급히 클럽을 잡으며 말했다.

"하, 하겠습니다."

김헌 사부는 마뜩잖은 표정으로 다시 홍 대리 쪽을 향했다.

"후."

홍 대리는 크게 숨을 내쉬었다. 그곳에 모인 모두의 시선이 그에게 향해 있었다.

'면오소턴, 백향, 손보리.'

이윤아 부장이 가르쳐준 메시지들을 속으로 되뇐 후 홍 대리는 비로소 클럽을 오른쪽으로 추켜올렸다.

–사악, 부웅

클럽이 매트를 스친 후 바람을 가르며 소리를 냈다. 홍 대리는 멋쩍은 듯 김헌 사부의 반응을 기다렸다.

"어떤가요?"

"한 번 봐서 어떻게 알아? 계속해 봐."

홍 대리는 시키는 대로 빈 스윙을 반복했다. 그러는 사이 옆에서 구경하던 사람들이 한마디씩 수군댔다.

"오, 꽤 잘하는데요."

"그러게요. 나름 궤도도 안정적이고 말이에요."

그래도 연습한 보람이 있나 보다 하고 생각할 때쯤 김헌 사부가 말했다.

"그만."

홍 대리가 클럽을 내려놓자 김헌 사부가 말을 이었다.

"흠, 분명 1천 번은 넘게 한 모양이네."

옆에서 지켜보던 이윤아 부장이 흐뭇한 미소를 지었다.

"자, 이제 그럼 어디 공 한번 쳐 봐."

산 넘어 산이었다. 홍 대리는 빈 스윙을 연습한 이후 공을 한 번도 쳐 본 적이 없었다. 일단 캐디기 페달을 밟아 매트 위에 공을 올려놓기는 했지만 홍 대리는 영 자신이 없었다.

–두근두근

뛰는 가슴을 달랠 길이 없는 홍 대리는 한참을 머뭇거렸다.

"뭐해? 공 놓고 고사 지내?"

홍 대리는 하는 수 없이 클럽을 들어 올렸다. 그리고 눈앞에 있는 공을 뚫어지게 노려봤다. 그리고 있는 힘을 다해 클럽을 휘둘렀다.

–턱!

"헉!"

궤도가 너무 낮았던 탓에 클럽이 공에 맞기도 전에 매트에 걸려 멈춰버린 것이다. 바닥을 때릴 때의 충격이 그대로 홍 대리의 팔로 전해졌다.

"끙…."

그 광경을 본 김헌 사부가 혀를 차며 말했다.

"쯧쯧, 그렇게 마구잡이로 휘두를 거면 빈 스윙을 뭣 하러 했누?"

"다시 한번 해 보겠습니다."

홍 대리는 다시 매트 위에 공을 올렸다.

'면오소턴, 면오소턴….'

이윤아 부장의 가르침을 속으로 되뇌며 실수를 만회하리라 다짐했건만 결과는 크게 다르지 않았다.

–틱, 우당탕!

이번에는 빗맞아 공이 옆으로 힘없이 튕겨 날아가 그쪽에 있던 집기들을 엉망으로 흩어 놓았다.

"앗, 죄송합니다."

당황한 홍 대리는 부랴부랴 달려가 떨어진 물건을 올려놓고 공을 주워 왔다.

"이러다 골프 학교에 남아나는 게 없겠군그래. 어쨌든 계속해 봐."

홍 대리는 얼굴이 벌게진 채 다시 클럽을 들었다. 그리고 연달아 공을 놓고 스윙을 했지만 단 한 번도 제대로 맞는 법이 없었다. 그중에는 공은커녕 바닥조차 건드리지 못한 헛스윙도 몇 번 있었고, 몇 번은 정면으로 제대로 날아가기는 했어도 그다지 강하게 맞지 않았다.

"됐어. 이제 그만해."

보다 못한 김헌 사부가 말했다. 클럽을 내려놓은 홍 대리는 가쁜 숨을 내쉬었다.

"헉, 헉…."

온몸에 땀이 흥건했고 팔다리가 후들거렸다.

'이상하네? 빈 스윙을 할 때는 몇백 번씩 해도 하나도 힘들지 않았는데….'

"이윤아 부장, 얘한테 '백향' 안 가르쳐줬어?"

홍 대리는 김헌 사부가 애꿎은 이윤아 부장을 나무라려고 하자 기겁을 하며 말했다.

"배, 배웠습니다! 백 번도 할 수 있고, 한 지점을 향한 스윙이어야 한다는 겁니다."

"알긴 잘 아는구먼. 그래, 좀 전에도 그렇게 스윙을 했나?"

홍 대리는 자신 없는 목소리로 대답했다.

"네? 그랬던 것 같은데…."

"아니, 전혀 그렇지 않았어. 그랬다면 지금 그렇게 헉헉거리고 있을 일이 없지. 아까 빈 스윙을 할 때는 그랬는지 모르겠네만 공을 놓고 나서부터는 백향 따위는 자네 안중에도 없었어."

김헌 사부는 한심하다는 듯 말했다.

"빈 스윙과 공을 놓고 하는 스윙은 전혀 다를 게 없어. 다를 필요도 없고, 달라서도 안 돼. 내 그 이유를 확실히 알려주지."

그러면서 김헌 사부는 뜬금없이 선글라스를 하나 건넸다.

"자, 이걸 써 봐."

"네? 아니, 왜…."

"허어, 쓰라면 쓸 것이지. 이윤아 부장, 이 친구 원래 이렇게 말을 안 듣나?"

"썼습니다, 썼습니다!"

홍 대리가 당황하며 냉큼 선글라스를 받아 쓰자 이윤아 부장은 재미있다는 듯 미소를 지었다.

"자, 이건 탁구공이라네. 까맣게 칠하긴 했지만 말이야. 받아."

김헌 사부로부터 건네받은 공은 분명 탁구공이었다.

"자, 그걸 놓고 쳐 봐."

탁구공을 매트 위에 내려놓았더니 가뜩이나 선글라스를 써서 온통 시야가 어두운데 공도 새까매서 바닥과 공이 구분되지 않을 지경이었다.

홍 대리는 클럽이 스칠 만한 지점에 탁구공을 옮겨놓았다. 그리고 천천히 클럽을 뒤로 들어 올려 스윙을 했다.

–사악, 부웅

빈 스윙을 할 때처럼 클럽이 바닥을 스치고 바람을 가르는 소리만 났을 뿐 공 맞는 소리가 나지 않자 홍 대리는 헛스윙을 했나 싶어 얼른 선글라스를 벗어 확인했다. 하지만 뜻밖에 공은 타석 앞 표적 막 아래로 굴러떨어지고 있었다.

"잘 맞았네. 탁구공이야 깃털처럼 가벼우니 맞는다 한들 소리가 날 리 없지."

"아, 그렇겠군요."

"이제 내가 탁구공을 한 개씩 매트 위에 놓아줄 테니 몇 번만 더 해 보게."

두 번째, 세 번째…. 그렇게 탁구공을 열 개 이상 쳤고 모두 처음 것처럼 잘 맞았다. 공이 어차피 보이지도 않고 힘을 줄 필요가 없을 만큼 가벼운 물체라는 확신이 있으니 자연스레 빈 스윙 연습을 할 때처럼 면오소턴, 백향, 손보리 등 이윤아에게 배운 가르침들에 집중하게 되었다.

그렇게 다음 스윙을 했을 때였다.

– 딱! 출렁

홍 대리는 공 맞는 소리에 깜짝 놀라 선글라스를 벗었다. 이제껏 자기가 친 공이 낸 소리 중 가장 경쾌하고 큰 소리였다. 표적막을 때리고 떨어진 공을 주워 확인하니 이번 공은 탁구공이 아니라 검게 칠한 골프공이었다.

"껄껄껄. 잘도 속아 넘어가는구먼그래."

김헌 사부는 당황해하는 홍 대리를 보며 쌤통이라는 듯 웃으며 말했다. 그러고는 뜬금없는 질문을 했다.

"자네, 클럽이 공에 맞을 때 충격이 얼마나 될 거라고 생각하나?"

"글쎄요?"

"무려 1톤에 가깝네. 물론 제대로 된 스윙의 경우지만 말이야."

한 손으로도 휙휙 놀릴 수 있을 정도의 무게 밖에 안 되는 클럽이 그만큼의 힘을 낸다고 하니 홍 대리는 놀라지 않을 수 없었다.

“그게 정말인가요?”

“참 내, 그럼 내가 거짓말이라도 한단 말인가?”

“아, 아닙니다.”

홍 대리는 손사래를 쳤다.

“자네가 그만큼의 힘을 낼 수 있다고 생각하나?”

“네? 아뇨, 1톤은커녕….”

“그래, 턱도 없는 얘기지. 그 힘은 중력과 클럽을 휘두를 때 생기는 원심력이 절묘하게 합쳐질 때 생기는 거라네.”

“그렇군요.”

홍 대리는 그러고 보니 얼마 전에 인터넷에서 타이거 우즈의 드라이버 샷이 300m에 이른다는 뉴스를 본 적이 있었다. 그만한 거리를 날리려면 1톤 정도의 힘이 필요할 법도 했다.

“내 또 하나 묻지. 공사장에서 쓰는 커다란 해머 있지? 그걸로 바닥에 콩을 놓고 깰 때랑 호두를 놓고 깰 때랑 느낌이 다를 것 같나?”

“아뇨, 별 차이 없을 것 같습니다.”

“그래, 아무런 차이가 없지. 해머를 내리치는 사람으로서는 그게 콩이든 호두든 사실 거기서 거기야. 아마 눈을 감고 있다면 바닥에 뭐가 있었는지조차 모를걸.”

홍 대리는 이런 질문을 하는 김헌 사부의 의중을 알 수 없었다.

"똑같은 이치야. 골프 스윙의 강도가 1톤이라면 50g에 불과한 골프공을 치든 3g 정도 되는 탁구공을 치든 하나 다를 게 없지. 눈에는 보이지만 허공과 다른 바가 없어."

아닌 게 아니라 홍 대리는 좀 전에 계속 탁구공을 치다가 골프공을 쳤을 때 딱 하는 소리가 아니었다면 아마도 공이 바뀌었다는 것을 알지 못했을 것 같았다. 그만큼 스윙 자체는 별 차이가 없었기 때문이다.

"그런데 아까 자네는 의식적으로 그랬건 의식하지 못했건 간에 골프공이 무슨 대단한 것이라도 되는 것처럼 잔뜩 힘을 주더군."

"아, 제가 그랬나요?"

"분명 그랬네. 자네, '손보리' 배웠지?"

"네, 이윤아 부장이 가르쳐주었습니다."

"클럽이 그리는 원운동에 방해가 되는 요소를 가능한 한 없애야만 스윙의 스피드를 극대화할 수 있어. 그래서 손목이 부드러워야 하는 거고 상체가 아닌 하체를 이용하는 거지. 자네처럼 팔과 손목에 힘을 주는 건 오히려 중력의 작동이나 원심력을 방해하는 꼴밖에 안 돼."

홍 대리가 주눅이 들어 보였는지 옆에 있던 이윤아 부장이 말했다.

"사부님, 홍 대리 3일 동안 빈 스윙 연습만 하고 오늘 처음 공을 치는 거예요. 그러니 공에 맘을 빼앗길 만도 하죠."

"으흠, 그렇군. 공은 요물일세."

"예? 요물요?"

"그래, 내 마음을 교란하는 요사스러운 물건. 공은 내 마음을 담는 그릇이고 내 욕심과 두려움과 어리석음을 투영하는 거울일세. 멀쩡히 빈 스윙을 잘 하고서도 공을 보면 전혀 엉뚱한 마음이 일고, 그래서 빈 스윙과 전혀 다른 운동을 하게 되는 것이 골프야."

"그렇군요."

목소리를 가다듬은 김헌 사부가 말을 이었다.

"중요한 건 스윙과 샷은 별개란 것을 깨닫는 거야."

"네?"

스윙이나 샷이나 같은 말인 줄로만 알았던 홍 대리는 잘 이해가 되지 않았다.

"스윙은 그저 클럽을 휘두르는 동작일 뿐이지. 샷은 공을 치는 것을 말하는 거고 말이야. 그중 자네가 집중해야 하는 건 스윙이라네. 단지 공이 그 궤도 안에 있다가 클럽에 맞아 샷이 되는 것뿐이지. 그래서 빈 스윙 연습을 많이 해서 클럽의 궤도를 일관성 있게 만드는 게 중요한 거야. 눈 감고 휘둘러도 공이 맞을 수 있도록 말이야."

"아…."

"아까 자네 선글라스 쓰고 탁구공 칠 때 공이 안 보이니까 자연스레 공이 스칠 만한 지점에 클럽을 갖다 놓지 않았나? 그리고 다시 빈 스윙할 때처럼 이윤아 부장이 가르쳐준 대로 휘두르는 데만 집중했지. 그렇게 스윙에만 집중하는 것이 바로 올바른 샷을 하는 길이라네. 요컨대 허상이 아니라 본질을 좇아야 하는 법이야. 다만 실제 게임에서는 공을 맘대로 움직일 수 없으니 거기에 맞춰 두 발의 위치를 조정해야 하지만 말이야."

'허상이 아닌 본질이라….'

홍 대리는 김헌 사부의 말을 되씹어 생각해 봤다. 공은 눈에 보이지만 있건 없건 간에 스윙 자체에 아무런 영향도 미치지 않을뿐더러 공에 마음을 빼앗겨서는 안 되므로 허상이라 할 수 있다. 그렇다면 골프 스윙의 본질은 바로 휘두르는 동작 자체일 터였다. 이때 옆에서 지켜보고 있던 이윤아 부장이 나서서 말했다.

"사부님, 오늘은 시간도 늦고 피곤하실 테니 다음에 다시 오겠습니다."

"흠, 그래."

홍 대리가 아쉬운 듯 말했다.

"사부님, 그럼 언제 다시 찾아뵐 수 있을까요?"

"이틀 후에 오게. 단 하루에 500번씩 빈 스윙을 해야 하네."

'500번!'

홍 대리가 살짝 당황하는 기색을 보이자 김헌 사부가 말했다.

"적어도 빈 스윙을 만 번 이상은 해야 골프 스윙의 리듬이 몸에 익고 궤도가 일관성을 띠게 되는 법이라네. 한 달 후에 필드에서 망신당하고 싶지 않으면 남들 하는 것보다 더하는 수밖에 없지. 다음에 와서 하는 거 보면 숙제를 잘했는지 안 했는지 다 티가 나게 마련이니 알아서 하게. 난 게으른 제자는 필요 없으니까 말이야."

"네, 알겠습니다!"

●

행복골프학교가 있는 건물을 나오는 길에 홍 대리는 이윤아 부장에게 물었다.

"부장님, 그런데 사부님 강습료는 얼마나 드려야 하나요? 따로 말씀이 없으셔서…."

홍 대리는 이윤아 부장이 자기를 도와주려 하는 게 고마운 나머지 돈 이야기를 꺼내기가 조심스러워서 사부님에게 배우는 데 비용이 얼마나 드는지 아직 묻지 못했던 터였다.

"사부님께서는 강습료 안 받으세요."

"네?"

혹시라도 너무 비싸면 어쩌나 하고 걱정하고 있던 홍 대리는 놀라지 않을 수 없었다.

"아니, 그럼 왜…?"

"글쎄요, 지나는 말로 그저 사람들이 골프 때문에 힘들어하는 것을 도와주고 싶어서 행복골프학교를 열게 된 거라고 하신 적이 있기는 해요."

홍 대리가 고개를 갸우뚱하자 이윤아 부장이 덧붙였다.

"사부님이 예전에 골프 때문에 크게 고생을 하신 적이 있었나 봐요. 들은 이야기라 무슨 일이 있었는지는 저도 자세히 몰라요."

그때였다.

–부르르

홍 대리의 핸드폰에 한 통의 문자메시지가 도착했다.

혹시 지금 뵐 수 있을까요?

from. 윤서진

허상이 아닌 본질을 좇아라

"누구한테 보낸 거야?"

한참을 말이 없더니 문득 핸드폰을 꺼내 문자메시지를 보낸 윤서진에게 최미영이 물었다. 오늘 둘은 윤서진이 퇴근 무렵 할 말이 있으니 한잔하자고 해서 사무실 인근 호프집에 들렀다. 평소 술을 즐기지 않는 윤서진이지만 오늘은 벌써 맥주를 몇 잔이나 비워낸 터였다.

"홍 대리님."

"홍 대리면, 한영철강 홍 대리 말이니?"

윤서진은 고개를 끄덕였다.

"뭐라고 보냈는데?"

"지금 여기로 올 수 있냐고…."

"뭐?"

며칠 전 대신건설을 찾은 서영규로부터 홍 대리가 자존심이 눈곱만치라도 있다면 이제 윤서진에게 집적거릴 일 없을 거라는 이야기를 들은 최미영으로서는 그녀가 왜 다시 홍 대리를 만나려고 하는지 영문을 알 수 없었다. 윤서진은 한숨을 내쉬며 말을 이었다.

"언니, 나 회사 들어와서 처음에 진짜 힘들었던 거 알지?"

"그래, 그랬었지. 근데 그 이야기는 갑자기 왜?"

윤서진은 대신건설에 입사하면서 자신이 자재 담당 이사의 딸이라는 사실을 밝히지 않았다. 아버지에게 남들과 똑같이 정정당당하게 입사하고 싶다고 신신당부해두었기 때문에 채용 과정에서 그 누구도 이를 알지 못했다. 윤서진은 그저 자기가 존경하는 아버지가 오랫동안 몸담아온 회사에서 일을 시작해 그와 같은 길을 가고 싶었을 뿐이었다.

그런데 어찌 된 일인지 얼마 후 인사과 직원 몇몇이 그 사실을 알게 되었고 순식간에 회사에 소문이 퍼졌다. 그리고 사내 간부의 딸이라는 신분 때문에 경계심이 들어서인지 이후부터는 직원 대부분이 그녀를 멀리했다. 신입사원 처지에서 동료들의 그러한 외면은 견디기 어려웠다.

"그때 언니한테도 말 못 했었지만, 너무 힘들어서 회사를 그만두려고 했었어."

당시 윤서진은 며칠이나 고민한 끝에 결국 퇴사를 결심했다.

어렵사리 쓴 사표를 들고 나와 회사 건물 앞 벤치에서 한참을 울었다. 그때였다.

"이거 쓰세요."

갑작스러운 목소리에 깜짝 놀라 고개를 들어보니 한 낯선 남자가 손수건을 내밀고 있었다.

"여기에서 일하시나 봐요."

자기도 처음 보는 여자에게 말을 거는 게 낯선지 그는 어색하게 웃으며 말을 이었다.

"회사 생활 많이 힘들죠? 저도 사실은 일 똑바로 못한다고 선배한테 옴팡지게 깨지고 나왔거든요. 어서요, 이걸로 눈물 닦으세요."

남자의 종용에 윤서진은 일단 손수건을 받았다.

"혹시 그 말 아세요? 찰리 채플린이 그랬대요. '웃을 수 없을 때 웃어라'라고요. 아무리 힘든 일도 다 마음먹기 나름이라잖아요."

윤서진은 어안이 벙벙한 나머지 아무 대꾸조차 하지 못했고 남자는 얼굴을 붉히며 말했다.

"대신건설에 볼일 있어서 들렀다가 돌아가는 길이었는데 너무 우울해 보이셔서요. 이제 그만 가 봐야겠네요."

그러고는 황급히 자리를 뜨려는 남자에게 윤서진이 말했다.

"이 손수건…."

"그냥 쓰세요. 어차피 시장에서 세 장에 1천 원 주고 산 거예요."

"그래도…."

"괜찮아요. 그리고 아까 슬쩍 보니까 사표 같던데 웬만하면 참으세요. 요즘 취업난 장난 아니잖아요. 아무리 힘들어도 백수로 집에서 눈칫밥 먹는 것보다는 낫지 않겠어요?"

남자는 그러고는 해맑게 웃으며 다시 갈 길을 향했다.

"그럼, 그때 그 남자가 홍 대리란 말이니?"

최미영이 두 눈을 동그랗게 뜨고 윤서진에게 물었다.

"맞아. 그러고 한참이나 지난 후에 일 때문에 다시 보게 됐는데 난 한 번에 알아봤어. 그 사람은 날 기억 못 했지만."

윤서진은 옛이야기를 하는 동안 술을 몇 잔 더 마신 탓에 얼굴이 빨갛게 상기되어 있었다.

"그때 그 사람이 내 앞에 나타나지 않았다면 아마 난 자포자기하고 회사를 그만두었을 거야."

"우는 여자한테 손수건 건네고 속도 모르면서 주워들은 소리 몇 마디 한 게 뭐 그리 대수니?"

"아냐, 내게는 정말 큰 힘이 됐어."

윤서진은 취기 때문에 목소리가 떨리긴 했지만 단호하게 말했다.

"언니도 잘 알잖아. 회사에서 누구 하나 내게 눈길조차 주기를 꺼릴 때였어. 내가 도대체 뭘 잘못했기에 그러나 싶어서 인간관계 자체에 대한 회의가 들 정도였다고. 그랬던 내게 홍 대리님의 사심 없는 따뜻한 호의는 위로 이상의 큰 힘을 주었어."

당시 윤서진이 회사에 다니며 얼마나 힘들어했는지 그 누구보다 잘 알고 있는 최미영은 이제야 수긍이 되는지 고개를 끄덕였다. 이야기를 끝낸 윤서진은 앞에 있던 맥주 또 한 잔을 들이켰다.

●

홍 대리가 두 사람이 있는 호프집에 도착했을 때 이미 윤서진은 만취하여 자리에 엎드린 채 잠이 든 상태였다.

"아, 오셨어요?"

건너편 자리에 앉아 있던 최미영이 홍 대리를 보고는 먼저 인사를 건넸다.

"아, 안녕하세요. 최미영 주임님도 있었군요. 그런데 서진 씨는…."

최미영은 무안한 듯 윤서진을 흔들어 깨웠다.

"얘, 서진아! 홍 대리님 왔어. 좀 일어나 봐."

그런데도 윤서진은 도통 정신을 차릴 기색을 보이지 않았다.

"죄송해요. 술 좋아하지도 않는 애가 오늘따라 많이 마셨네요."

"아, 네."

"제가 이런 말씀 드려도 될는지 모르겠지만 서진이가 지난번에 홍 대리님 만나고 나서 많이 힘들었던 모양이더라고요. 저도 오늘에서야 알았지만."

홍 대리는 무슨 말인지 알 수가 없었다. 자신이 알고 있는 정황

상으로 보자면 윤서진이 그럴 이유가 없었기 때문이다. 사실 오늘 이 자리에 오는 것도 그로서는 그리 내키지 않았지만, 마음 한편에 남은 미련에 이끌려 왔을 뿐이었다.

"무슨 말씀이신지…."

그때 윤서진이 간신히 정신이 드는지 낮은 신음을 내며 고개를 들었다.

"음…."

그리고 홍 대리를 보고는 화들짝 놀랐다.

"홍 대리님이 여기에 왜…?"

"어머, 얘 아까 문자메시지 보낼 때부터 많이 취해 있었던 모양이네. 네가 오시라고 했잖아."

최미영이 당황하며 상황을 설명해주었다.

"내가?"

"참 내, 그래. 홍 대리님, 저는 잠깐 나가서 바람이라도 쐬고 올 테니 두 분이 말씀 나누세요."

그렇게 최미영이 자리를 뜨고 나자 둘 사이에 어색한 침묵이 흘렀다. 먼저 입을 연 것은 윤서진이었다. 잠깐 눈을 붙인 동안 취기가 가라앉았는지 목소리가 차분했다.

"그런데 다음 달 골프 미팅에 정말 나오실 건가요?"

"네?"

홍 대리는 오늘 보자고 한 용건이 고작 이거였나 싶어 조금 마음이 상했다.

"약속은 어떻게든 지킬 테니 신경 쓰지 않으셔도 됩니다."

"그런 게 아니라…."

홍 대리의 목소리가 다소 격앙되었음을 눈치챘는지 윤서진은 변명하듯 말을 이었다.

"괜한 부담을 드리는 게 아닌가 싶어서요. 또 윤길성 이사님이 워낙에 골프광이시라 이번 골프 미팅 때 라운드가 제대로 이루어지지 않거나 하면 오히려 안 좋은 인상만 남기시지는 않을까 걱정이 되기도 하고…."

안쓰러워하는 표정을 보건대 윤서진의 말은 진심인 듯했다.

"어쨌거나 상황이 이렇게 된 이상 포기하고 싶지 않습니다."

홍 대리는 힘주어 말했다.

"그렇게 매번 쉽게 좌절한다면 이 영업 바닥에서 살아남기 힘들 겁니다."

그러자 윤서진은 표정이 굳어진 채 아무런 말이 없었다. 그러더니 얼마 안 있어 두 눈에 눈물이 맺혔다.

"서, 서진 씨."

홍 대리는 당황하지 않을 수 없었다.

"그럼 그날은 왜 그렇게 쉽게 물러선 건가요?"

"네?"

"영규 오빠, 아니 서영규 과장님이랑은 아버지들끼리 친한 사이다 보니 어렸을 때부터 가까이 지내온 것뿐이에요. 그리고 저는 서영규 과장님한테 홍 대리님이랑 제 사이에 있었던 일을 말한 적 없어요. 미영 언니가 서영규 과장님과 제 관계를 오해하고 말을 전한 거라고요. 그런데 제 이야기는 들어보지도 않고 그냥 가버리셨잖아요!"

말을 마친 윤서진은 감정이 북받쳤는지 눈물을 쏟아내며 엉엉 울었다. 홍 대리는 일순간 머릿속이 하얘졌다. 이때 밖에 나갔던 최미영이 들어와 사태를 목격하고는 윤서진 옆에 앉아 그녀를 다독였다.

"어머, 얘 정말 많이 취했나 보네. 홍 대리님, 죄송해요. 문자메시지 보낼 때 제가 말렸어야 하는 건데."

그러고는 윤서진을 일으켜 세웠다.

"서진이는 제가 챙길게요. 홍 대리님은 먼저 들어가세요. 오늘 죄송했습니다."

윤서진의 울음은 멈추지 않았다. 별도리가 없는 홍 대리는 먼저 호프집을 나설 수밖에 없었다.

●

그렇게 집으로 돌아오는 길에 홍 대리는 김헌 사부가 했던 말을 떠올렸다.

'허상이 아니라 본질을 좇아야 하는 법이야.'

홍 대리는 서영규와 윤서진을 만난 그날 눈에 보이는 대로 제멋대로 생각하고는 분을 못 이겨 자리를 박차고 나왔다. 그런데 오늘 윤서진을 만나 알게 된 진실은 그와는 전혀 달랐다. 며칠간이나마 그로 인해 괴로워했던 것을 생각하니 스스로가 딱하기 그지없었다.

하지만 어느새 홍 대리의 입가에는 자기도 모르게 미소가 번졌다. 어찌 되었든 간에 자신에 대한 윤서진의 진심을 알게 되었기 때문이다.

스윙을 샷으로

이틀 후 홍 대리는 또다시 행복골프학교를 찾았다.

"약속했던 빈 스윙 횟수는 채웠겠지?"

김헌 사부는 홍 대리를 보자마자 다짜고짜 물었다.

"네, 하루에 500번씩 꼬박꼬박했습니다."

"다시 한번 강조하지만, 골프에서 빈 스윙 연습은 절대적이야. 공을 치면서 연습을 하면 오히려 자세가 흐트러질 뿐이지. 빈 스윙을 통해 동작이 제대로 습득되었는지는 실제로 공을 쳐 봐야 확인이 되겠지만 공을 치는 횟수보다 빈 스윙 횟수가 더 많아야 해. 적어도 빈 스윙 세 번에 한 번 공을 치는 식으로 말이야. 요컨대 '3빈 1타'의 원칙을 습관화해야 하네."

지난번에 김헌 사부가 이르길 적어도 1만 번 이상은 빈 스윙을 해야 골프 스윙의 리듬이 몸에 익고 궤도가 일관성을 띠게 된다고 했다. 지금처럼 500번씩만 해도 필드에 나가기 전까지 만 번은 충분히 채울 수 있을 터였다.

"스윙 연습은 자네가 배운 요령에 따라 얼마나 꾸준히 하느냐에 달려있네. 자, 이제 그럼 공과 만나야 할 시간일세."

"공과 만나다니요?"

"골프를 배운다면서 스윙 연습만 할 참인가? 공을 쳐서 샷 만드는 법도 배워야지."

드디어 공을 친다니 홍 대리는 이제 본격적인 단계로 들어선 것 같아 마음이 벅찼다.

"스윙과 샷은 별개라고 했던 것 기억하나?"

"네. 스윙은 오로지 클럽을 휘두르는 동작 자체만을 의미하고, 샷은 그 스윙에 공이 맞는 것일 뿐이라고 알려주셨습니다."

"그래. 그때도 이야기했지만, 자네가 집중해야 할 것은 오로지 스윙이야. 제아무리 빈 스윙 연습을 많이 한다 해도 정작 라운드에 임했을 때 눈앞의 공에게 마음을 빼앗겨 빈 스윙과 다른 샷을 하려고 하는 순간 그간의 연습은 수포가 되어버리지. 따라서 스윙과 샷 사이에는 심연이 존재한다는 사실을 한시도 잊어서는 안 돼."

'스윙과 샷 사이에는 심연이 존재한다.'

"다만 공을 쳐 내기 위해서는 클럽이 지나는 궤도 위에 공이 정확히 놓이게 해야 하지. 즉, 올바로 셋업을 해야 하네."

"셋업이요?"

"셋업이란 공과 몸, 그리고 공과 목표와의 관계를 설정하는 것일세. 다시 말해 공을 목표하는 지점으로 보낼 수 있도록 지면에 놓인 공을 기준으로 내 몸의 위치를 잡는 거야."

"아…."

지난번에 선글라스를 쓰고 공을 칠 때는 김헌 사부가 그때그때 적당한 곳에 공을 놔주었지만, 실제 필드에서는 공의 위치를 바꿀 수 없으니 자기가 자리를 바꾸어야 할 터였다.

"7번 아이언 가지고 타석에 서게."

홍 대리가 클럽을 들고 타석에 자리를 잡자 김헌 사부가 말을 이었다.

"우선 연습하던 대로 빈 스윙을 반복해 보게나."

며칠간 꾸준히 연습한 터라 홍 대리의 빈 스윙은 한결 자연스러워져 있었다.

"자, 이제 원을 그리는 궤도를 약간만 내려 클럽 헤드가 매트를 스쳐 지나가도록 해 봐."

그런데 이게 말처럼 쉽지가 않았다. 홍 대리는 클럽이 바닥에 닿으면 그대로 튕겨 나올 것 같아 선불리 궤도를 내릴 수 없었다.

"이 친구 보기보다 소심하군그래."

"클럽으로 바닥을 내리치는 꼴이 될까 봐 조심스러워서…."

"골프 스윙이 순간적으로 내는 힘이 1톤에 가깝다고 했던 것 기억하지? 그 힘 앞에서는 골프공이 허공과 다른 바 없는 것처럼, 실제 필드의 잔디 바닥도 그와 마찬가지야. 너무 깊이 파고들지만 않는다면 말이야. 잔디가 살짝 벗겨져 나간다 해도 그때 생기는 저항은 골프 스윙에 별다른 영향을 미치지 않지."

홍 대리는 김헌 사부를 믿고 좀 더 과감하게 궤도를 내려 보았다.

–툭

진짜 잔디가 아니라 인조 잔디 매트였기 때문에 살짝 충격이 느껴지기는 했지만, 클럽이 튕기거나 하는 일 없이 정상적인 궤도를 유지하며 원을 그렸다.

"잘했어. 자로 잰 듯 정확하게 되지는 않겠지만, 스윙 궤도가 지면을 파고드는 깊이를 2cm 정도라고 생각하고 반복해서 연습하다 보면 감이 잡힐 거야. 머릿속에 잔잔한 수면의 물을 살짝 튀겨내는 이미지를 그리면서 하면 한결 수월할 걸세."

–툭…툭…툭

"좋아, 잘하고 있어. 이제부터는 그렇게 반복하면서 클럽 헤드가 땅과 맞닿는 지점이 어디인지 잘 살펴보게."

–툭…툭…툭

홍 대리는 계속 빈 스윙을 하다 보니 클럽이 바닥을 스치는 지점이 대략 몸의 중심을 기준으로 약간 오른쪽의 한 에 집중된다는 것을 알 수 있었다.

"이제 눈을 감게."

"네?"

"어서!"

홍 대리는 눈을 감고 스윙을 했다. 처음 몇 번은 매트를 스치지 않고 그냥 지나치기도 하고 궤도가 너무 낮아 바닥을 때리기도 했지만 반복해서 하다 보니 눈을 뜨고 할 때와 다를 바 없이 일정하게 바닥을 스치게 할 수 있었다.

–따악

"앗!"

소리에 놀라 눈을 떠 보니 공은 이미 전방에 쳐 있는 표적 막 아래 떨어져 있었다.

"껄껄, 자네가 스윙할 때 바닥을 스치는 지점에 내가 공을 가져다 놓았지. 자네가 지금 한 것처럼 눈 감고 휘둘러도 똑같을 정도로 궤도를 일정하게 만들고 클럽이 지면과 만나는 지점에 공이 놓이기만 하면 멋진 샷이 만들어지는 걸세. 그 지점에 맞추어 자리를 잡는 게 바로 셋업이고 말이야."

"아…."

홍 대리는 직접 공을 쳐 내고 보니 스윙과 샷은 다르다는 말의 의미를 실감할 수 있었다.

"이번에는 눈을 뜨고 한번 해 보게나. 공도 직접 놓고 말이야."

홍 대리는 다시 빈 스윙을 하며 클럽이 스치는 지점을 확인한 후 그곳에 공을 놓았다. 그리고 공을 바라보며 힘차게 백스윙을 했다.

—틱!

"어이쿠!"

어찌 된 일인지 이번에는 클럽 헤드가 빈 스윙을 할 때 스치던 지점보다 조금 뒤에 떨어지는 바람에 공 윗부분에 빗맞고 말았다. 홍 대리는 눈 감고도 했던 것을 두 눈 똑바로 뜨고 못 한 스스로가 민망했다.

"사부님, 다시 해 보겠습니다."

"얼마든지."

하지만 몇 번을 다시 해도 결과는 크게 다르지 않았다. 눈을 감고 김헌 사부가 놓아준 공을 쳤을 때처럼 시원하게 맞는 공은 단 한 개도 없었다. 마침내 김헌 사부가 더는 못 보겠다는 듯이 입을 열었다.

"백날 그렇게 해서는 제대로 공을 쳐 내지 못할 걸세, 운 좋아서 맞으면 모를까. 운동 명령을 올바로 해야지."

"운동 명령이요?"

"그래. 무의식적으로 이루어지는 반사 운동을 제외하면 인간의 운동은 머리가 내리는 명령에 따라 이루어지는 걸세. 요컨대 어떤 운동을 하려면 먼저 그 운동을 하겠다는 마음을 가져야 한다는 말이지."

홍 대리는 여전히 잘 이해가 안 된다는 듯 고개를 갸웃거렸다.

"예를 들어 약속 시각에 늦으면 서둘러 가기 위해 뛰지 않나?

이때 뛰는 행위보다 '늦었으니 뛰어야겠다'라는 결심이 앞선다는 말일세."

"그럼 스윙을 할 때도 그런 운동 명령이 필요하다는 말씀이신가요?"

"자네가 좀 전에 스윙할 때도 운동 명령을 하지 않은 것은 아닐세. 다만 잘못된 명령을 한 거지."

홍 대리는 점점 더 김헌 사부의 이야기를 이해할 수 없었다.

"좀 전에 자네는 공을 보자마자 본능적으로 자신에게 '때리겠다' 혹은 '공을 똑바로 보내기 위해서는 클럽 헤드를 통제하라'라는 명령을 내린 거야. 누차 이야기했던 바와 같이 스윙과 샷은 다르고 그중 집중해야 할 것은 오로지 스윙인데도 말이야."

"그럼 스윙을 할 때는 어떤 운동 명령을 내려야 하는 건가요?"

"이윤아 부장한테 이미 배우지 않았는가?"

"네?"

"골프 스윙은 면오소턴 아닌가? 그럼 스윙을 할 때 올바른 운동 명령은 '소리를 내겠다'가 되지."

홍 대리는 공이 눈앞에 놓인 순간 그전에 배운 내용은 안중에도 없이 오로지 공을 똑바로 멀리 보내겠다는 것에 온통 마음을 빼앗겼었다는 것을 비로소 깨달았다.

"앞서 셋업을 배운 것도 다름이 아니라 공에 개의치 않고 오로지 스윙 자체에만 집중해도 샷을 만들 수 있기 위해서였네. 그런데 운동 명령이 잘못되면 아무리 셋업을 잘해도 소용이 없게 되는 거지."

"그렇겠군요."

"스윙할 때는 늘 공에게 마음을 빼앗기지 않고 소리를 내야겠다고 자신을 단속해야 해. 골프를 그만두는 그 날까지 말이야. 그렇게 의식적으로 명령을 내리지 않으면 부지불식간에 또 공을 때리려는 본능에 휘둘리게 되지."

'스윙할 때는 소리를 내야 한다…. 스윙은 면오소턴, 소리내기다!'

홍 대리는 똑같은 실수를 반복하지 않기 위해 스윙에 필요한 운동 명령을 머릿속으로 되뇌었다.

"자, 이제 그럼 다시 해 보게."

홍 대리는 다시 매트 위에 공을 올리고 타석에 자리를 잡았다. 그런데 공에게 마음을 빼앗기지 않으려고 공에서 시선을 피하다 보니 막상 어디를 보고 스윙해야 할지 갈피를 잡을 수가 없었다.

"사부님, 공을 보지 않으려고 하니 시선을 어디에 두어야 할지…."

"좋은 질문이야. 일단 자네가 들고 있는 아이언 클럽의 헤드가 어떻게 생겼는지 한번 보게. 어떤 농기구하고 제일 닮은 것 같은가?"

"네? 그, 글쎄요."

홍 대리는 질문에 답을 듣기는커녕 엉뚱한 질문을 받자 당황했다.

“길쭉한 호미인가요?”

“하하하. 골프 클럽은 쟁기를 닮았네.”

“쟁기요?”

“그렇네. 쟁기는 뭘 하는 기구인가?”

“쟁기 쓰는 것을 본 적은 없지만, 땅을 갈아엎는 데 쓰는 농기구 아닙니까? 소가 끄는….”

“맞네. 칼날 같은 면이 있어 땅을 파고들지만, 밑부분에 둥그렇게 날개면이 있어 더는 파고들지 못하도록 만들어 놓은 농기구가 쟁기지. 골프 클럽 중에서 아이언은 밑부분에 바운즈라고 하는 넓적한 면이 있어 그게 쟁기의 날개 역할을 하는 거라네. 그게 있어서 아무리 깊이 파려고 해도 더 깊이 안 들어가도록 설계가 되어 있는 거야 그러니 맘껏 땅을 파고 지나간다고 생각하고 휘둘러도 되는 거지.”

그러고 보니 납작하게 생긴 헤드의 밑부분이 쟁기의 생김새와 비슷했다. 홍 대리는 골프 클럽으로 땅을 판다는 이야기는 난생처음 들었다.

“아까 셋업에 대해 이야기할 때 클럽이 바닥을 살짝 파내듯 스쳐야 한다고 하지 않았나? 그건 단지 공이 스치는 자리를 확인하기 위한 게 아니라네.”

“그럼…?”

"백 스핀을 만들어야 해서 그런 것이네! 백 스핀이 있어야 양력이 발생하면서 비로소 공이 멀리 날아가지! 골프공에 있는 딤플이라는 곰보무늬가 없으면 공을 멀리 보낼 수 없네. 프로들이 쳐도 100m를 겨우 넘어. 비행기 날개의 원리와 비슷한 거야. 그리고 아이언은 드라이버 샷 등으로 공을 어느 정도 멀리 보낸 후에 홀까지 80~150m 정도의 거리가 남았을 때 쓰는 클럽이야. 그 정도 거리면 한 번의 샷으로 홀에 접근할 수 있으니 무작정 멀리 보낼 게 아니라 딱 원하는 거리만큼만 보내야 해. 그러려면 땅에 떨어진 후에 되도록 덜 구르게 하면 유리하지."

"아! 그럼…."

"이제 뭔가 감이 잡히나?"

"탁구에서 커트로 불규칙 바운드를 만들듯이 비스듬히 누운 아이언의 헤드로 공 아랫부분을 깎아 쳐서 백 스핀을 만드는 거군요!"

"껄껄, 자네 보기보단 머리가 잘 돌아가는군그래. 그렇게 깎아치기를 하기 위해서는 클럽 헤드가 궤도 위에서 아래로 향하고 있을 때 공과 만나야 하니 스윙의 최저점이 공보다 앞에 형성되고 지면보다 낮아져야 하지."

"그래서 지면을 살짝 파내는 거군요."

"맞아. 그렇게 잔디가 벗겨져 나가 파인 자리를 디봇divot이라고 하는데 디봇을 만들지 않고서는 제대로 된 아이언 샷을 할 수 없

Divot

2cm

다네. 아예 아이언 샷의 목적을 디봇 만들기라고 해도 무방하지."

고개를 끄덕이는 홍 대리에게 김헌 사부가 물었다.

"그럼 이제 시선을 어디에 두어야 하는지도 알겠나?"

'내가 하려는 것은 샷이 아니라 스윙이니 공은 없는 셈 치고, 아이언 스윙의 목적이 디봇을 만드는 것이라면….'

"공과 디봇을 함께 봐야겠군요!"

"그렇지, 물 튀기기를 연상하며 빈 스윙 연습을 할 때는 클럽이 물속에 살짝 담겼다 빠지는 부분일 테고, 실제 필드에서는 디봇이겠지. 그것을 공과 함께 바라봐야 한다네. 게다가 초보자들은 스크린골프를 치거나 필드에 나가면 무수히 공의 머리를 치네. 그걸 탑핑이라고 하지. 그건 골프공을 지구본이라 생각했을 때 북극이나 한반도쯤을 치게 되는 현상이야. 본인도 그렇고 가르치는 사람도 환장할 정도로 탑핑을 낸달 말일세. 그렇게 되는 이유는 공의 북극을 보고 있어서 그런 것이고, 초보자들은 공을 치려고 하면 공이 3D 입체의 공으로 보이지를 않아, 2D 평면으로 인식되는 것이지. 긴장해서 몸을 움직이지 않으면 더욱 스틸 사진처럼 보일 테고, 그러니 공이 구가 아니라 카지노의 칩과 같은 물건으로 보이는 것이지. 그러니 공과 디봇을 함께 바라보면서 공을 입체적으로 느끼는 것이 실전에서 무엇보다 중요하네."

"사부님, 이제 시선을 어떻게 두어야 하는지도 알았으니 다시 한번 해 보겠습니다."

"잠깐, 아이언 클럽의 용도를 알아야 이해가 쉬울 것 같아 아까 셋업에 대해 가르쳐줄 때 이야기하지 않은 것이 있네. 아이언 스윙 셋업 때 공은 체형이나 체중 이동의 정도에 따라 차이는 있네만 대략 몸의 중심에서 약간 오른쪽에 놓이지. 아까 보니 자네도 대략 그 정도 위치를 스치는 것 같더군."

타석에 다시 공을 올린 홍 대리는 빈 스윙을 하며 오늘 배운 내용을 머릿속으로 하나하나 떠올려 봤다.

'공은 중앙에서 약간 오른쪽. 나는 지금 샷을 하는 게 아니라 스윙을 하는 거니까 소리를 내야지. 시선은 공만 보는 것이 아니라 디봇이 만들어질 부분까지….'

그리고 공이 놓인 위치에 맞춰 셋업을 한 후 회심의 백스윙을 했다.

–따악! 휙

홍 대리는 공 맞는 소리에서 바람을 가르는 소리까지 흠잡을 데 없는 샷을 만들어냈다.

"그런데 사부님. 제가 많이는 모르지만, 프로들이 아이언 샷을 하는 것을 보면 몸의 중앙에서 약간 왼쪽에 놓고 공을 치는 것 같았고, 제가 잠깐 본 책에서도 공의 위치를 왼쪽에 놓으라고 해놓았던데 아까 사부님은 약간 오른쪽이라 하셔서…."

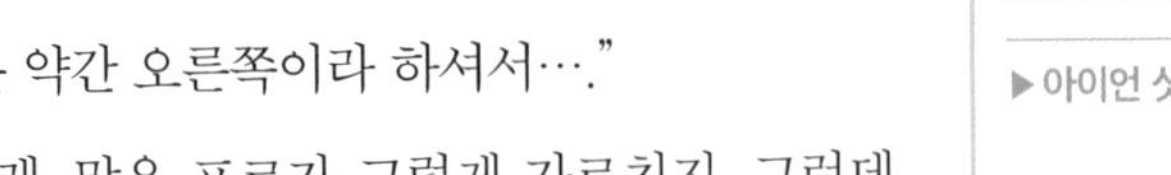

"그래, 많은 프로가 그렇게 가르치지. 그런데

자네가 프로의 스윙을 하는 것은 아니지 않은가? 프로들은 수많은 반복으로 완벽하게 체중을 이동하는 법을 체득하고 있는 사람이고 자네는 아직 불완전한 보행을 하는 중인 거야. 그러니 프로의 볼 포지션에 공을 놓고 치면 정확하게 공을 가격할 수 없지. 볼 포지션은 정해져 있는 것이 아니라 스스로 발견하는 것일세. 스윙이 발전하면서 공을 놓는 위치도 점차 바뀌어 가는 것이고."

"아, 그렇군요. 그럼 다시 한번 도전해 보겠습니다."

–휙. 딱

"아주 좋아! 공이 잘 맞지 않으면 늘 세소리상시를 떠올리게!"

"세소리상시요?"

"오늘 배운 올바른 셋업, 운동 명령 '소리를 내겠다', 공이 멋지게 날아가는 상상, 시선 두기의 줄임말일세. 세소리상시가 제대로 되지 않으면 백날 빈 스윙 연습을 해 봤자 멋진 샷을 만들 수 없다는 걸 명심해야 하네."

"아, 넵!"

공을 멋지게 쳐 낸 후 흥분이 채 가시지 않은 홍 대리가 힘차게 대답했다.

"이 친구야, 진정해. 아직 갈 길이 머니 말이야. 퍼터를 제외하고 골프 클럽을 용도별로 구분하면 아이언, 페어웨이우드, 드라이버 이렇게 세 가지라네. 오늘 아이언 샷 만드는 법을 배웠으니 내일 찾아오면 페어웨이우드와 드라이버로 샷을 하는 방법을 알려

줌세."

"세소리상시, 세소리상시. 셋업, 소리, 상상, 시선…."

이렇게 홍 대리가 옥상에서 우연히 이윤아 부장을 만나 골프를 배우기 시작한 지 10일이 지났다.

스윙은 오로지 하나만 있을 뿐

이튿날 김헌 사부는 행복골프학교를 다시 찾은 홍 대리에게 아이언으로 빈 스윙 연습을 하며 몸을 풀고 있으라고 시키고는 금방 돌아오겠다며 자리를 비웠다. 어제의 수업으로 올바른 셋업, 운동 명령 소리 내기, 멋진 상상, 시선 두기를 배우고 나니 목적의식이 뚜렷해져 이전에 빈 스윙을 할 때와는 달리 생각할 게 많아졌다.

"몇 번이나 했어?"

어느 틈에 돌아왔는지 김헌 사부는 손에 검은 비닐봉지를 든 채 홍 대리 뒤에 서 있었다.

"아, 세지는 않았는데 못해도 100번은 한 것 같습니다."

"오, 그래? 어디 한번 해 보게."

홍 대리는 김헌 사부가 보는 앞에서 열댓 번 빈 스윙을 했다.

"흠, 아직 궤도가 일정치 않고 상체 힘을 더 빼야 하지만 그래도 클럽이 바닥을 스치는 정도를 보니 아이언 샷이 무엇인지에 대해서는 제대로 아는 것 같구먼그래."

홍 대리는 배운 걸 제대로 이해했다니 다행이다 싶었지만 빈 스윙에 좀 더 공을 들이기로 마음먹었다.

"내 자네를 위해서 준비했지."

그러면서 김헌 사부는 쥐고 있던 비닐봉지를 내밀었다. 안에는 사이다 한 캔이 들어 있었다.

"아, 감사합니다."

"아니, 그건 내가 마실 거고 그 안에 든 동전들 말일세."

그러고 보니 비닐봉지 안에는 음료수 말고도 10원짜리가 잔뜩 들어 있었다.

"사이다 사고 남은 잔돈 500원을 모조리 10원짜리로 바꿔왔지."

"그런데 이걸 왜 제게…?"

"일단 저기 있는 페어웨이우드 하나 가져와 봐."

김헌 사부가 가리킨 클럽은 헤드가 드라이버처럼 둥그스름하게 생겼지만 크기는 좀 더 작았고 자루 부분, 즉 샤프트 길이는 드라이버와 아이언의 중간 정도 돼 보였다.

"아, 이게 페어웨이우드군요."

"그래. 드라이버 샷 다음에 남은 거리가 150~180m 정도로, 아이언으로 치기에는 버거운 경우에 쓰는 클럽이지."

김헌 사부의 이야기를 들으니 그 생김새가 이해됐다.

"이제 그 클럽으로 내가 준 동전을 모두 쳐서 날려 보게."

"네?"

"500원어치 정도 치고 나면 페어웨이우드를 쓸 때 스윙을 어떻게 해야 하는지 저절로 요령이 생길 걸세."

홍 대리가 생전 처음 잡아 본 클럽으로 어쩌라는 것인지 어안이 벙벙해 있는데 골프 학교에 한 중년 남성이 들어섰다.

"김헌 교장, 뭐 하고 있나? 진짜 교장 왔네. 퇴근하고 집에 가다 잠깐 들렀어."

"하하, 진짜 교장 왔나? 마침 잘됐군그래. 바둑이나 한판 두자고."

김헌 사부는 반색하더니 홍 대리를 나 몰라라 하며 자리를 떴다. 학생들은 그냥 사부, 사부하고 부르는데, 친구들은 행복골프학교라서인지 김헌 사부를 교장 선생으로 부르는 모양이었다. 타석에 홀로 남은 홍 대리는 하는 수 없이 일단 빈 스윙을 해보았다. 아이언보다 길어서 클럽이 그리는 원의 궤도가 더 커서 약간 어색하게 느껴졌지만 몇 번 하다 보니 휘두르는 동작 자체는 금세 익숙해졌다.

–사악 사악

좀 전에 아이언 스윙을 배울 때 익힌 요령대로 빈 스윙을 했더니 헤드가 둥글어서인지 매트를 스칠 때 아이언보다 한결 저항이

덜 느껴졌다. 그러다 어느 정도 궤도가 안정됐다고 느낀 홍 대리는 비로소 클럽 헤드가 최저점에 이르기 전 매트와 만나는 지점에 동전을 하나 올려놓았다.

–사악

'어라?'

빈 스윙을 할 때와 다름없이 깔끔하게 스윙이 이루어졌고 분명 헤드가 동전을 맞힌 것 같았는데 동전은 원래 놓여 있던 자리에 그대로 있었다. 민망해서 김헌 사부를 힐끔 쳐다봤지만, 그는 바둑을 두느라 여념이 없어 홍 대리는 안중에도 없는 듯했다. 마음이 조급해진 홍 대리는 같은 요령으로 스윙을 더 해 보았지만, 결과는 다를 바 없었다. 몇 번인가 옆으로 살짝 튕겨 나가는 정도가 고작이었다. 그때였다.

"잘 안 되나 봐요?"

언제부터 거기 있었는지 이윤아 부장이 뒤에서 인기척을 냈다.

"아, 부장님!"

"퇴근하다 어떻게 하고 있는지 궁금해서 들러 봤어요."

홍 대리는 부끄러운 듯 머리를 긁적였다.

"아, 네…. 이걸로 동전을 쳐내라고 하시는데 도통 잘 안 되네요."

"좀 지켜봤는데 계속 동전만 살짝 걷어내려고 하는 것 같더군요."

"동전을 쳐내려면 당연히…."

이윤아 부장은 딱하다는 듯 고개를 절레절레하더니 김헌 사부를 향해 외쳤다.

"사부님, 홍 대리가 영 감을 못 잡는 것 같은데 제가 살짝 귀띔 좀 해줘도 될까요?"

"어라, 이윤아 부장 언제 왔어? 난 바쁘니까 알아서 해."

김헌 사부는 귀찮다는 듯 건성으로 대꾸했다.

"자, 클럽 이리 줘 봐요. 내가 하는 걸 한번 보세요."

페어웨이우드를 받아 든 이윤아 부장은 몇 번인가 빈 스윙을 한 후 매트 위에 동전을 하나 올렸다. 그러고는 자리를 바로잡더니 동전을 향해 클럽을 휘둘렀다.

–슥… 깡

'어?'

홍 대리가 보기에 이윤아 부장의 스윙 또한 아이언으로 스윙할 때와 별반 다르지 않았건만 이번에는 동전이 제대로 맞아 날카로운 소리를 내며 정면의 표적 막으로 날아갔다.

"어때요, 차이를 알겠어요?"

"글쎄요. 아직 잘…."

이윤아 부장은 페어웨이우드 클럽을 거꾸로 잡아 헤드를 홍 대리에게 보여주며 말했다.

"아이언이든 페어웨이 우드든 스윙 자체는 하나예요. 단지 클럽의 모양과 용도가 달라서 결과가 달라질 뿐이죠. 아이언이 쟁기처럼 생긴 건 땅을 파고 들어갈 수 있기 위해서고 페어웨이우드가

이렇게 바닥이 평평하게 생긴 건 반대로 헤드가 땅을 파고 들어가는 걸 방지하기 위해서예요. 그러니 똑같은 스윙을 해도 아이언은 땅을 파고 지나가고 페어웨이우드는 지면을 스친 듯한 결과가 되는 거죠. 어떤 의미에서 우드는 뒤땅을 치라고 만들어진 뒤땅용 클럽인 거예요."

"아, 그렇겠군요."

"자, 아이언으로 스윙할 때처럼 다시 빈 스윙을 해 봐요."

이윤아 부장으로부터 페어웨이우드를 건네받은 홍 대리는 궤도의 최저점이 지면보다 살짝 아래로 가도록 빈 스윙을 몇 차례 해 보았다. 아닌 게 아니라 아이언 때와는 달리 바닥에 부딪히는 충격이 훨씬 덜했고, 헤드는 바닥을 그대로 스쳐 지나갔다.

"그 정도면 됐어요. 이제 동전을 놓고 쳐 보세요."

홍 대리는 빈 스윙을 할 때 헤드가 매트를 스치던 지점에 동전을 올려놓고 클럽을 뒤로 들어 올렸다.

–슥… 깡

"와!"

좀 전에 그렇게 죽어라 휘둘러도 맞지 않던 동전이 보란 듯이 맞고 날아간 것이다.

"호호, 잘했어요. 그럼 이제 사부님께서 내주신 숙제 마저 하세요. 저는 잠깐 들른 거라 이만 가 볼게요."

"아, 네! 부장님, 감사합니다."

일단 요령을 터득하고 나니 동전 50개를 쳐내는 것은 시간문제였다. 도중에 궤도가 너무 높아 헛스윙이 나기도 하고 반대로 너무 낮아서 동전을 내리찍기도 했지만, 시행착오를 거치면서 금세 적응했다.

"사부님, 동전 다 쳤습니다!"

홍 대리가 동전 50개를 모두 쳐냈을 때쯤 김헌 사부는 마침 바둑이 끝난 모양인지 자리를 털고 일어나고 있었다.

"흠, 페어웨이우드로 스윙하는 요령을 터득한 모양이군."

"네, 그럼 다음은 드라이버를 배울 차례인가요?"

"이 친구 마음이 급하군그래. 필드에 나가서도 동전만 치다 오려고 그러나?"

그러고 보니 홍 대리는 페어웨이우드로 동전만 쳤지, 공은 한 번도 쳐 보지 않았다.

"아이언 스윙할 때 공의 위치와 시선이 어때야 한다고 했지?"

"공은 중앙보다 약간 오른쪽에 놓이고 시선은 디봇이 생길 자리 전체를 보라고 하셨습니다."

"흠, 잘 기억하고 있구먼그래. 페어웨이우드로 스윙을 할 때는 말이야, 아까 동전 칠 때 궤도의 최저점에 놓았지? 공의 위치는 바로 그 동전 왼쪽이야. 몸의 중앙에서 약간 왼쪽이지."

생각해 보니 공이 최저점에 놓이기보다는 그보다 약간 왼쪽에 있어야 클럽 헤드가 완전히 최저점에 이르렀을 때 맞을 것 같았다.

“그리고 이때도 마찬가지로 시선은 공만 보는 것이 아니라 동전과 공을 함께 봐야 해. 그렇다고 진짜 필드에서 동전을 놓지는 않지만, 아이언 칠 때 수면을 친다고 상상을 하는 것처럼 동전이 있다고 상상을 하는 거지.”

왜 굳이 공을 보지 않고 동전에 시선을 두라고 하는지 홍 대리는 이미 알고 있었다. 경험을 통해 공에 시선과 마음을 빼앗기는 순간 스윙이 흐트러지고 북극을 치게 된다는 것을 알기 때문이었다.

“자, 어디 그럼 진짜 공을 한번 쳐 보게나.”

홍 대리는 빈 스윙을 몇 번 하면서 클럽이 바닥을 스치는 부분을 확인한 뒤 그 최저점에 동전이 놓여 있다고 생각하고 그만큼 간격을 두고 왼쪽에 공을 놓았다. 그리고 공 뒤에 동전이 있다고 상상하며 오로지 그곳에 집중했다.

–딱! 퍽!

공이 아이언으로 스윙할 때보다 훨씬 더 강하게 표적 막을 때렸다.

“와!”

“놀라긴. 아이언보다 긴 만큼 원심력이 크니 더 강한 샷이 나오는 게 당연하지. 드라이버로 쳤다가는 아예 까무러치겠네그려. 자, 말 나온 김에 저기 있는 드라이버 가져와 봐.”

아이언, 페어웨이우드를 거쳐 드디어 마지막 차례인 드라이버 스윙을 배울 차례였다.

●

"헉헉…."

홍 대리는 거친 숨을 몰아쉬었다. 드라이버 클럽을 건넨 김헌 사부가 이번에 내준 숙제는 타석 전방에 일렬로 놓인 촛불 다섯 개를 스윙할 때 생기는 바람으로 끄는 것이었다. 단 한 번의 스윙으로 말이다. 드라이버는 클럽이 길고 헤드가 큼지막해서 만만하게 봤는데 벌써 몇십 번을 휘둘렀건만 한 개를 끄기도 쉽지가 않았다. 홍 대리는 정말 이게 가능하기는 한 걸까 하는 생각이 들기까지 했다. 옆에서 보다 못한 김헌 사부가 마침내 입을 열었다.

"그렇게 해서는 백날 해 봐야 소용없어."

그러더니 드라이버를 낚아채듯 뺏어서는 시범을 보였다.

–붕

"어?"

드라이버가 둔탁한 소리를 내며 바람을 가르자 다섯 개의 촛불이 순식간에 꺼졌다. 홍 대리는 놀라지 않을 수 없었다.

"자네, 드라이버가 언제 쓰는 것인지는 알고 있지?"

"네, 홀별로 첫 번째 샷을 할 때."

"그래, 그때 사람들이 공을 그냥 땅에 놓고 치던가?"

아무리 골프 초짜인 홍 대리였지만 드라이버 샷을 할 때 티tee 위에 공을 올려놓고 친다는 것쯤은 알고 있었다.

"아니요, 티에 얹어놓고 칩니다."

"그런데 왜 자네는 아까부터 굳이 클럽 헤드가 땅을 스치도록 휘두르는 건가? 게다가 내가 시킨 건 촛불을 끄라는 거지 공을 치라는 것도 아니었는데 말이야."

그러고 보니 아이언이나 페어웨이우드는 땅에 있는 공을 치는 것이니 땅을 스쳐 지나야 하지만 공을 티 위에 올려놓고 치는 드라이버는 구태여 땅과 닿을 필요가 없을 터였다.

"사람 마음이라는 게 클럽이 땅을 스치고 지나야 한다고 생각하면 아무래도 위축되게 마련이야. 그러다 보면 자연스레 원운동의 속도가 줄게 되지. 땅을 스칠 때의 저항 때문에 속도가 줄어드는 것은 말할 것도 없고 말이야."

공을 가능한 한 멀리 보내는 것이 목적인 드라이버 샷을 할 때 스윙의 속도가 주는 것이 결정적인 결함이라는 것은 두말할 필요가 없었다. 홍 대리가 고개를 끄덕이자 김헌 사부가 말을 이었다.

"그렇다고 무작정 원의 궤도를 높여서도 안 되지. 한번 생각해 보게. 공을 최대한 멀리 보내려면 날아갈 때 적당히 포물선을 그려야 한다는 건 따로 설명하지 않아도 알겠지?"

"물론 그렇겠죠."

1cm

"그러려면 공이 클럽 헤드가 최저점을 지나 다시 떠오르면서 만나야 한다네. 그런데 원의 궤도가 너무 높으면 그렇게 할 수가 없지 않겠나? 헤드가 올라올 즈음이면 이미 공을 지나친 후일 테니 말일세. 마음먹은 대로 정확히 되는 것은 아니겠지만 지면에서 클럽의 바닥 면(솔)까지 1cm 높이 정도면 적당하지."

1cm라면 사실상 닿지만 않을 뿐이지 가능한 한 바닥에 가까이 붙여야 하는 셈이었다. 어쨌거나 궤도 최저점을 기준으로 정리하면 아이언 때는 지면(수면)보다 2cm 아래, 페어웨이우드 때는 지면, 그리고 드라이버는 지면보다 1cm 위였다.

"사부님, 그럼 드라이버로 스윙을 할 때 공의 위치는 어디쯤이면 좋을까요?"

"허허, 이 친구 이제 제법 제대로 된 질문을 하는구먼. 공의 위치야 이미 답이 나온 셈 아닌가. 당연히 우드를 칠 때의 공 위치보다 좀 더 왼쪽에 놓여야지. 너무 높지도, 너무 낮지도 않은 이상적인 포물선을 그리려면 골프공 하나 정도 간격이면 적당한데 대략 왼발 뒤꿈치에서 이어지는 연장 선상보다는 안쪽에 놓이게 하면 될 걸세. 이걸 알았으면 또 궁금한 게 있을 텐데?"

"아, 스윙할 때 어디를 봐야 하는지도 알아야 할 것 같습니다."

드라이버 스윙 때도 공을 봐서는 안 되는 것은 마찬가지일 테니 이 또한 묻지 않을 수 없었다.

"최저점 위치에 1cm 정도 떠 있는 가상의 공이 있다고 생각하고 그것에만 집중하면 된다네. 자, 그럼 지금 배운 대로 하면서 다시 촛불을 꺼 보게."

홍 대리는 김헌 사부가 꺼뜨린 촛불에 불을 붙인 후 다시 드라이버를 들었다. 그리고 몇 차례 빈 스윙을 한 뒤 다시 타석에 자리를 잡고 궤도의 높이, 공의 위치, 시선 등을 되새긴 후 클럽을 휘둘렀다.

–부웅

"말귀는 밝구먼그래."

스윙을 마치자 김헌 사부가 칭찬했다. 전부는 아니었지만 다섯 개 중 세 개나 꺼졌기 때문이었다. 좀 전까지 한 개도 제대로 끄지 못했던 것에 비하면 비약적인 발전이었다.

"사부님, 조금만 기다려주십시오. 금방 다섯 개 모두 꺼보이겠습니다."

"처음 치고 그 정도면 잘한 거야. 어쨌든 요령을 익혔으니 이제 공을 티에 올리고 진짜로 쳐 봐야지."

홍 대리는 매트에 달린 고무로 만들어진 티 위에 공을 올렸다. 그러고 나니 마치 진짜 필드에서 첫 번째 샷을 하는 것처럼 마음이 설렜다.

빈 스윙을 몇 번 하며 자기 몸을 기준으로 최저점이 어디쯤인지 확인한 후 공이 왼발 뒤꿈치 안쪽에서 이어지는 연장 선상에 위치하도록 자리를 잡았다. 그리고 공이 아닌 최저점에 놓인 가상의 공에 시선을 집중하며 회심의 스윙을 했다.

–따악! 펄럭

아이언으로 칠 때와는 비교할 수 없는, 페어웨이우드로 쳤을 때보다도 훨씬 더 강한 샷이었다.

"흠, 그 정도면 못해도 180m 정도는 날아가겠군. 초짜 골퍼가 실제로 필드에 나가서 그만한 거리를 보내면 훌륭한 편이야. 자 이제 실제 공이 날아가는 걸 확인해 볼까?"

김헌 사부는 타석에 설치된 스크린골프를 켜고 연습장 모드로 들어가서 장타 연습을 화면에 띄웠다.

"아, 여기도 스크린골프가 설치되어 있었네요."

"당연하지. 차차 알게 되겠지만 이 속에 행복한 골프를 위한 여러 가지 콘텐츠가 들어있다네."

"그런데 왜 진작 틀어주지 않으셨어요?"

"쯧쯧, 이 친구야 공은 요물이라 하지 않았나? 공 날아가는 것을 보게 되는 순간, 누가 시키지도 않았는데 멀리 똑바로 보내고자 하는 욕구에 시달리네. 그래서 스윙 궤도가 좀 안정되어서 모션이 안착할 때까지 공 날아가는 것을 보지 않는 것이 오히려 좋아. 자네 스윙의 성장을 기다린 거라고. 자, 쳐보게."

대충 20~30개의 공을 쳤다. 잘 맞은 것도 있고, 형편없는 샷도 있었다. 이리저리 휘기도 하지만 잘 맞았다 싶으면 170~180m 정도는 날아갔다. 이제 좀 본격적으로 공을 좀 날려 볼까 하는 순간 그 간사한 마음을 눈치채셨는지 김사부가 끼어 들었다.

"이제 그만하게."

"그래도 좀 더…."

"아냐, 그 정도 공과 만났으면 충분하네. 더 하면 욕심에 시달리게 될 거고, 결국 안 맞을 때까지 연습할 걸세. 오늘 자네와 공의 만남은 아주 훌륭했어. 내가 가르친 학생 중 상위 10%에 들어갈 만큼 잘했네. 좋은 기억을 품고 그만하게."

김헌 사부의 칭찬에 홍 대리는 지금 당장이라도 진짜 골프장에 가서 스윙을 해보고픈 마음이 간절해졌다.

아쉬운 표정으로 클럽을 내려놓고 타석에서 물러서는 홍 대리에게 김헌 사부가 물었다.

"오늘 아이언, 페어웨이우드, 드라이버 각각의 스윙 요령을 배우면서 반드시 깨달았어야 할 것이 있네. 이것을 모르면 오늘 배운 게 다 헛것이 되지. 그것이 무엇인지 알겠나?"

"네?"

"그것은…."

홍 대리는 마른 침을 삼켰다.

"스윙은 하나라는 걸세."

기껏 세 가지 스윙을 알려주고서는 스윙은 하나라니 홍 대리는 도통 이해가 되지 않았다.

"무슨 말인고 하니, 세 가지 스윙은 원 궤도의 높낮이, 공의 위치, 시선을 두어야 하는 곳에는 차이가 있지만, 이는 모두 면오소턴이라는 동작을 각각의 용도에 따라 응용한 것일 뿐이라는 걸세."

그러고 보니 홍 대리는 아이언 스윙을 배울 때는 골프채도 처음 잡아보는 초짜였기 때문에 배우기가 만만치 않았지만 일단 그게 익숙해지고 나서 페어웨이우드와 드라이버를 배울 때는 금세 따라 할 수 있었다. 클럽이 바뀌고 그 용도에 따라 조금씩 변화되는 부분이 있기는 했지만 사실상 스윙 동작 자체는 별다른 차이가 없었기 때문이었다.

"결국, 자네가 실제로 필드에 나가서 라운드할 때도 어떤 상황에서 어떤 클럽을 쓸지 판단할 수 있고, 그때마다 공의 위치는 내 스윙을 기준으로 어디에 있어야 하는지, 클럽 헤드가 지면을 파낼지 스칠지 그냥 지나갈지, 스윙할 때 어디에 시선을 둘 것인지만 알고 있으면 못 해낼 샷이 없다는 말일세."

"그렇겠군요."

"그리고 그 모든 스윙은 결국 면오소턴, 즉 면을 따라 오른발쯤에 소리 나게 물을 터는 채찍질이라는 것을 잊어서는 안 되네. 다만…."

'다만?'

"이는 모두 롱게임에 해당하는 이야기일세. 요컨대 골프라는 게임의 한 부분일 뿐이지."

"롱게임이요?"

드라이버 스윙까지 배웠으니 이제 죽어라 연습하는 일만 남았다고 지레 김칫국부터 마신 홍 대리로서는 당황스럽지 않을 수 없었다. 게다가 '롱게임'이라는 것은 난생처음 듣는 용어였다.

"그래. 지금까지 자네가 배운 것은 모두 풀 스윙으로 공을 멀리 보내기 위한 과정, 즉 롱게임long game의 영역이네. 골프는 그 롱게임과 더불어 숏게임short game, 퍼팅 게임putting game으로 이루어지지."

"사부님, 숏게임은 뭐고 퍼팅 게임은 또 뭔가요?"

"시간이 너무 늦었네. 난 밤잠이 많은 사람이니, 다음에 찾아오면 우선 숏게임을 가르쳐주겠네."

김헌 사부는 3일 후에 다시 찾아오라며 홍 대리를 내쫓듯 보내면서 새로운 숙제 하나를 내주었다.

▶ 클럽별 셋팅, 스윙은 하나다

<김사부의 원 포인트 레슨>

1. 스윙과 샷은 다르다

스윙은 클럽을 휘두르는 동작 자체이고, 샷은 공을 쳐 내는 것을 의미한다. 우리는 샷에 대한 생각을 완전히 버리고 오로지 스윙 자체에만 집중해야 한다. 빈 스윙 연습을 반복해 스윙 궤도를 일관성 있게 만들고 그 궤도 안에 공이 놓이도록 자리만 잘 잡으면 저절로 좋은 샷이 나오는 법이다. 요컨대 눈 감고도 공을 칠 수 있는 스윙을 만들어야 하며 이 말은 곧 빈 스윙을 끊임없이 반복해야 한다는 말과 다름없다.

2. 스윙은 하나다

긴 망치 작은 망치 무거운 망치, 가벼운 망치, 그 어떤 망치로 망치질을 하던 느낌은 다르지만 다 같은 하나의 망치질인 것처럼 위의 세 가지 스윙은 궤도, 공의 위치, 시선 등이 각각 다르지만, 골프 스윙의 본질이라 할 수 있는 '면오소턴'을 그 목적에 따라 응용한 것일 뿐이다. 꾸준한 반복 연습으로 빈 스윙이 안정되어 면오소턴이 제대로 되기만 하면 못 해낼 스윙이 없다.

3. '3빈 1타'의 원칙

빈 스윙 연습은 몇 번을 반복해서 강조해도 부족하다. 그만큼 빈 스윙은 실력 향상에 있어 절대적이다. 진짜로 공을 치는 연습만 하면 오히려 자세가 망가진다. 우리가 연습해야 하는 것은 샷이 아니라 '스윙'이다. 빈 스윙을 통해 습득된 동작을 실제로 공을 쳐 보면서 확인한다는 마음가짐으로 연습을 해야 한다. 적어도 빈 스윙 횟수가 공을 치는 횟수보다 세 배 이상은 되어야 한다. 요컨대 '3빈 1타'의 원칙을 습관화하라.

골프 스코어의 핵심을 배우다

숏게임은 던지기다

–따악! 휙

"와, 홍 대리님!"

장충익은 홍 대리가 쳐낸 공이 저 멀리 날아가는 것을 바라보며 입을 다물지 못했다.

"아니, 어떻게 보름 만에…."

김헌 사부를 두 번째로 만나고 온 다음 날은 마침 토요일이었다. 홍 대리는 장충익을 꾀어내 그가 레슨을 받는 실외 골프 연습장을 찾았다. 김헌 사부가 내준 숙제 때문이었다.

▶ 숏게임

'다음에 찾아오기 전에 연습장에 가서 공을 쳐 보게. 실내 연습장 말고 꼭 실외 연습장이어

야 하네.'

그러면서 김헌 사부는 지난번처럼 빈 스윙을 1천 번 해 오라는 말도 잊지 않았다.

장충익과 굳이 함께한 것은 클럽을 빌려 쓰려는 요량 때문이었지만, 막상 가서 보니 실내 연습장처럼 무료로 쓸 수 있는 공용 클럽이 비치되어 있어 홍 대리는 이를 이용했다.

비용은 한 시간에 2만 원으로 실내 연습장보다는 약간 비쌌지만 그리 큰 차이가 없었다. 장충익의 말에 따르면 요즘에는 공용 클럽을 쓸 수 있는 연습장이 많고 가격은 지역에 따라 조금씩 차이가 있는데 서울 중심가가 상대적으로 좀 비싸다고 했다.

홍 대리는 우선 가장 익숙한 7번 아이언을 들었다. 행복골프학교에서 배울 때도 그렇고 혼자 연습할 때도 그렇고 주로 빈 스윙만 해왔기 때문에 막상 실제로 공을 치려니 처음에는 많이 긴장됐다. 공의 윗부분에 맞아 공이 뜨지 못한 채 앞으로 데굴데굴 구르기만 하는 탑핑topping이 되기도 하고, 궤도가 어긋나서 헤드와 샤프트의 연결 부분인 호젤hosel에 맞아 오른쪽으로 빗나가는 생크shank가 나기도 했다.

또 궤도가 너무 낮아 공에 이르지 못하고 땅에 먼저 부딪히는 더프duff, 일명 '뒤땅'도 많았다. 홍 대리는 그러면서 김헌 사부가 굳이 실외 연습장을 가라고 한 이유를 눈치챘다. 스크린에 거리가 표시되기는 하지만 스크린 천까지의 거리가 끽해야 3~4m밖에

안 되는 실내 연습장이었다면 자기 샷이 이렇게까지 엉망인지 눈으로 실감할 수 없었을 터였다. 실제 공이 날아가는 야외 연습장은 일단 거리에서 압도되면서 몸에 자연스레 힘이 들어가는 것이었다.

하지만 김헌 사부가 알려준 요령들을 되새기며 빈 스윙으로 동작을 가다듬다 보니 점차 샷이 안정되기 시작했고, 그렇게 감을 잡고 나서부터는 미스 샷이 급격히 줄었다. 홍 대리는 그 와중에 궤도의 일관성, 공의 위치, 운동 명령, 시선 등이 얼마나 중요한지 몸소 깨달았다.

옆 타석에서 똑딱이를 하던 장충익은 다만 1~2주 전까지만 해도 골프를 시작하지 않았던 데다 아직 클럽도 없어서 자기 것을 빌리려 했던 홍 대리가 빵빵 공을 쳐 내자 어안이 막힌 채 멍하니 바라보고 있었다.

"저분 모르긴 몰라도 이전부터 레슨을 좀 받고 있었던 모양인데요."

장충익 곁에서 똑딱이 자세를 교정해주고 있던 연습장 코치도 의아하긴 마찬가지였다.

"그렇지 않고서야 저런 샷을 할 수 없죠."

홍 대리 스스로 또한 골프를 시작한 지 2주가 채 안 된 자신이 남들 보기 민망하지 않을 만한 풀 스윙을 할 수 있게 되었다는 사실이 믿기지 않았다.

"흠, 숙제는 잘했나?"

약속대로 3일째 되는 날 저녁, 홍 대리는 다시 골프 학교를 찾았다.

"네, 어제 연습장에 다녀왔습니다."

"어디 잘되던가?"

"아이언은 이제 많이 익숙해진 것 같고, 드라이버 샷도 생각보다는 잘 맞았는데 유독 페어웨이우드가 맘처럼 되지 않더라고요."

"다시 한번 강조하지만, 스윙은 하나일세. 유독 잘 안 되는 샷이 있다면 스윙을 할 때 마음의 오작동이 없는지 자기 마음의 상태를 잘 살피는 게 우선일세. 면오소턴을 제대로 하고 있는지, 욕심으로 공을 대하고 있는 것은 아닌지, 두려움에 떨고 있는 것은 아닌지, 본능에 마음을 빼앗기는 어리석음을 범하고 있는 것은 아닌지 점검해야 해."

"그래도 저보다 먼저 골프를 시작해 연습장에서 계속 레슨을 받는 친구보다는 훨씬 결과가 좋아서 자신감을 얻었습니다."

"아무렴, 씨앗을 뿌리고 물을 줬으면 당연히 싹이 나는 법이지."

홍 대리는 한껏 자신 있게 대답했건만 김헌 사부가 너무 당연하다는 듯 말하자 조금 서운했다.

"어쨌든 지출을 했으니 다시 저축했겠지?"

"저축이라뇨?"

"빈 스윙 말일세, 빈 스윙. 빈 스윙이 저축이라면 샷은 지출이라 할 수 있지. 지출보다 저축이 많아야 하는 게 당연하지 않나? 무턱대고 연습장 가서 주야장천 공만 쳐대는 건 밑천도 없이 장사하겠다고 덤비는 것과 마찬가지야."

홍 대리는 김헌 사부가 빈 스윙 1천 번 숙제를 그냥 내준 게 아니란 것을 깨달았다.

"아, 시키신 대로 빈 스윙 숙제도 다 했습니다."

"잘했네. 그럼 지금부터 숏게임 연습을 해 보세. 우선 내가 하는 것을 먼저 보게."

김사부는 클럽 중에서 가장 짧은 것 중 하나인 AW를 들고 스크린골프 연습장에서 샷을 쳤다.

–슥. 톡

–슥. 톡

사부님이 풀 스윙과 닮기는 했는데 약간 줄여서 하는 것 같은 동작으로 너무 쉽게 50m를 딱딱 보냈다.

"어떤가? 풀 스윙 샷보다 그다지 어려워 보이지 않지?"

"아, 예. 그렇긴 한데…."

김사부는 예의 날카로운 시선으로 홍 대리를 보면서 질문을 했다.

"그동안 했던 풀 스윙 샷과 지금 내가 시범을 보여준 샷이 어떤 차이가 있어 보이나?"

"비슷한데 스케일이 좀 작아진 느낌입니다."

"더 자세히 살피게."

김사부는 말없이 여러 번의 샷을 보여주었다. 좀 더 멀리 보내기도 했고 가까이, 아주 가까이 보내기도 했다.

"어디가 어떻게 다른가?"

"음 잘 모르겠는데요, 단지 몸의 움직임이 좀 덜하다고나 할까…."

"이 친구 예리한 눈을 가졌구먼."

김헌 사부는 껄껄껄 웃으며 홍 대리를 향해 돌아섰다.

"풀 스윙 샷과 숏게임 샷은 모양이 비슷할지라도 본질이 달라."

"예? 본질요?"

홍 대리는 무슨 어려운 설명을 하시려나 싶어서 귀를 쫑긋 세웠다.

"풀 스윙 샷은 보다 멀리 보내려는 것을 목표로 하는 샷이라면, 숏게임에 쓰이는 샷은 더욱 가까이 붙이는 샷이지. 먼 거리를 보낼 필요가 없고, 의도보다 멀리 간다면 그것은 미스 샷인 거지. 샷의 목적이 달라서 풀 스윙 샷은 두 축 운동하게 되고 숏게임 샷은 한 축을 하는 것이네."

"예? 두 축, 한 축?"

홍 대리가 바짝 긴장했다.

"하하하, 너무 얼지 말게! 개념적으로 정리하자니 그렇다는 것이지 뻔히 우리가 아는 사실일세. 사람들에게 돌을 가능한 한 멀리 던지라고 하면 어떻게 하나?"

"예?"

"야구 투수가 공을 던지듯 이렇게 하지 않나?"

사부님은 투수가 공을 던지듯 모션을 보여주었다.

"예, 그렇게 하죠."

"공을 던지는 반대 방향으로 몸의 중심을 옮겼다가, 던지면서 공이 날아가는 방향으로 체중을 싣고 가지?"

"예, 다들 그렇게 하죠. 그래야 멀리 던질 수 있으니까요!"

"그런 동작을 두 축 운동이라고 하는 거야. 백스윙할 때는 오른발 축에 체중을 싣고, 임팩트와 팔로우에서는 왼발에 체중을 싣는. 그걸 우리는 보행이라고 이름을 붙였잖은가."

"맞네요, 맞습니다. 그렇게 해야 한다고 하셨죠. 이제 생각났습니다."

"그런데 우리가 구슬치기나 다트 게임을 할 때는 어떤가? 그렇게 축을 움직이는 동작을 하나?"

"아닙니다. 가능한 한 몸의 중심을 움직이지 않으려고 애를 쓰죠. 그래야 정확히 던질 수 있으니까요."

"바로 그걸세. 숏게임은 다트와 같은 원리의 운동인 셈이네. 멀리 보내는 것보다는 가까운 곳에 정확히 보내야 하기에 가능한 축을 하나로 하고자 하는 본능이 작동하는 것이지. 그런 관점을 가지고 내가 샷 하는 모습을 다시 보게."

김헌 사부는 아까와 같이 다시 시범을 보였다. 이해하고 보니 김사부는 왼발에 무게 중심을 두고 축의 움직임이 거의 없는 상태로 샷을 하고 있었다.

"과연. 정말 한 축 운동이네요, 사부님."

"자, 이제 자네가 해보게!"

"예."

홍 대리는 망설임 없이 타석으로 들어선다.

풀 스윙으로도 공을 쳤는데 작은 동작으로 하는데 이까짓 것을 못할까 싶어 자신감이 있었다.

–틱

–틱

동작은 더욱 심플해졌고, 스윙의 크기가 작아졌기에 쉬워 보였는데 영 마음대로 되지 않았다. 끙끙거리면서 실패를 거듭하는 것을 먼발치에서 보고 있던 사부가 다가왔다.

"골프에 쓰이는 운동은 그것이 풀 스윙이든 숏게임 스윙이든 퍼팅이든 모두 그네 운동이라고 했던 이야기 잊어버렸나?"

"아, 참. 깜빡했네요."

"그리고 한 축 운동이라 했건만 축도 왔다 갔다 하고."

혀를 끌끌 차면서 사부가 설명을 해주었다.

"자기가 억지스러운 궤도를 만들고 공을 쳐 내야겠다는 마음에 휘둘리면 샷이 어려워지는 것은 숏게임도 마찬가지야."

사부는 허리 높이까지 AW를 들어 올리더니 자유낙하 시켰다.

- 퍽

"이렇게 그냥 떨어뜨려도 꽤 큰 무게감이 느껴지지 않나?"

"예, 생각보다 상당한 힘이네요."

"자네 잠깐 엎드려 보겠나?"

홍 대리가 엎드리려 했다.

"하하하, 농담일세. 클럽 헤드가 머리에 떨어지면 어떨까?"

"꽤 아플 것 같은데요."

"좀 더 높아지면?"

사부는 머리 높이 정도에서 클럽을 자유낙하 시켰다.

"와, 머리통이 깨지겠는데요?"

"그렇네. 자유낙하 하는 함만으로도 큰 힘이 나지. 그 힘의 본질은 중력이고, 그것은 바로 지구가 도와주는 힘이네."

"지구가 도와주는 힘! 아하!"

"골프는 지구의 도움을 받아서 하는 운동이라네. 숏게임 스윙도 마찬가지야. 자, 그럼 지금부터 외발로 서서 그네처럼 흔들흔들 해보게."

사부는 왼발 한 발로 서서 오른발은 뒤로 빼고 엄지발가락으로 바닥을 찍고 서서 시범을 보였다. 홍 대리도 외발로 서서 흔들흔들 스스로 그네가 되었다는 느낌으로 클럽을 움직여 보았다.

"그네 운동으로 궤도를 먼저 만들어 놓고, 바닥이 닿는 자리를 확인하고 그곳에 공을 놓고 쳐보게."

- 흔들흔들 탁

- 흔들흔들 탁

그네 운동 느낌으로 공을 치니 확실히 공을 편하고 쉽게 보낼 수 있었다. 조금 안정이 되자 사부는 뜬금없는 이야기를 던졌다.

"왼팔도 그넷줄일세."

"예?"

"클럽 헤드에 춘향이가 타고 있다면 골프 클럽과 왼팔이 이어진 직선이 바로 그넷줄이라 생각하라는 거야. 그넷줄이 짧아졌다, 길어졌다 하거나 힘이 들어가면 그네 운동의 궤도가 바뀌지 않겠나?"

"예, 그렇겠네요!"

홍 대리는 왼팔을 그냥 하나의 줄이라 생각하고 오른손으로 그것을 잡고 흔든다는 느낌으로 샷을 하니 볼 콘택트가 한층 더 좋아졌다. 홍 대리는 연습 도중 자신이 하는 샷이 좀 전에 사부님이 했던 것과 뭔가 다르다는 느낌이 들어 물었다.

"30m 정도를 보내는 샷을 사부님께서는 더 간결한 동작으로 하시던데, 저는 그네의 흔들거림만으로 그 거리를 보내려면 동작이 훨씬 커지는데 어떻게 하죠?"

"이 친구 은근 똘똘하네. 하하하. 풀 스윙을 설명할 때 뭐라 했나? 그네 운동과 발 구름에 관해 이야기하지 않았나? 숏게임 스윙도 축을 하나로 두고 하는 운동일 뿐 굴러줘야 하는 걸세. 그래야 가속 운동이 되고, 더 적은 몸놀림으로 원하는 거리를 확보할 수 있는 거지!"

"그렇군요!"

몇 차례 시범을 보이면서 해주는 설명을 듣고 홍 대리는 바로 따라 해봤다.

"확실히 작은 근육을 쓰지 않고 광배근과 약간의 회전으로 그네를 구르듯 샷을 하니 훨씬 편하게 공을 보낼 수 있네요."

"쯔쯧, 그럼 내가 틀린 이야기를 해주겠나?"

홍 대리는 사부의 이야기를 듣고 멋쩍게 머리를 긁적였다.

"좀 쉬었다가 거리 조절하는 법을 익혀보세."

"예? 거리 조절요?"

"그래. 풀 스윙은 클럽을 바꾸는 것으로 거리를 조절하지만, 숏게임은 어떻게 거리를 조절할 것인가?"

"아."

잠시 쉬라는 사부님의 이야기가 있었지만 홍 대리는 조금이라도 더 빨리 배우고 익히고 싶은 마음에 계속 공을 치고 있었다. 보다 못한 사부가 다시 다가왔다.

"이 친구, 쉬라는데 쉬지도 않네."

"사부님 하루하루 날짜는 다가오는데 제가 쉴 마음의 여유가 없습니다."

"껄껄껄, 그렇기도 하겠구먼."

"근데 사부님. 몇 개는 잘 맞는데 자꾸 뒤땅을 치는 샷이 나와요. 계속 연습하면 좋아질까요?"

"볼 포지션 즉, 공을 놓는 위치는 발견하는 것이라는 풀 스윙할 때의 설명을 잊었는가?"

홍 대리는 자신의 머리를 콩 쥐어박았다.

"아, 맞다!"

"공이 없는 상태에서 외발로 서서 빈 스윙 그네 운동으로 바닥을 건드려 보게. 어디쯤에 자국이 생기지?"

홍 대리는 스스로 멍청하다는 생각을 하면서 그네 운동으로 바닥을 내려다봤다.

"어디쯤 자국이 생기나?"

"생각보다 훨씬 오른쪽에 생기는데요!"

"그렇네. 양발을 편하게 벌리고 샷을 하는 풀 스윙의 볼 포지션과 그다지 다르지 않아. 외발로 서서 한다는 느낌으로 샷을 하되 오른발은 적당한 곳에 편하게 놓으면 되는 것일세. 왼발과 공과의 관계가 중요한 것이지. 그리고 다트를 던질 때 정면으로 보고 던지는 것이 편한가? 90도 돌아서서 던지는 것이 편한가?"

"그야 당연히 90도로 돌아서서 다트판 쪽으로 약간 몸을 열고 던지는 것이 편하죠. 다들 그렇게 하고요."

"그래, 숏게임도 몸을 약간 목표 방향 쪽으로 열고 하는 것이 좋겠지. 뭐, 꼭 그렇게 해야 하는 것은 아니네만. 해 보고 선택하게. 자, 그럼 거리 조절하는 것을 해 볼까?"

또 뭔가 복잡한 것을 배워야 하나 싶은 마음에 홍 대리가 긴장했다.

"내가 시범을 보일 테니 어떻게 거리 조절을 하는지를 살펴보게."

20m, 30m, 40m, 50m….

사부님이 거리를 미리 부르고 샷을 하는데 거의 1m를 넘지 않는 범위에 공이 멈췄다. 홍 대리는 어떻게 거리 조절을 하는 가를 보는 것이 아니라 사부의 샷에 감탄하기 바빴다.

"와, 사부님 정말 대단하시네요!"

"30년을 넘게 했는데 그럼 이만큼도 못할까? 그래, 어떻게 거리 조절을 하는 것 같은가?

"죄송합니다, 사부님 샷을 구경하느라 미처 살피지 못했습니다. 다시 한번!"

"이 친구가 노동을 시키는구먼."

사부도 홍 대리의 응석이 싫지 않은 듯 미소를 머금고 다시 시범을 보인다.

–스윽 탁

–스윽 탁

–20, 30, 40,….

"사부님 알았습니다. 진자 운동의 진폭으로 거리를 조절하고 계신 거죠?"

"하하하, 이 친구 눈썰미가 보통이 아니네. 맞아. 골프가 아니어도 공을 가까이 멀리 좀 더 멀리하면 인간은 본능적으로 진폭으로 거리를 조절한다네. 프로들이나 아마추어 고수들이 자기만의 방식으로 골프에 쓰이는 운동을 만들어 익히는 것이야 말릴 이유도 없고, 워낙 많은 연습을 하니 나름의 방식을 개척해서 할 수 있지. 그렇지만 아마추어는 많은 연습을 하지 않는 사람들 아닌가? 자네도 하루에 1시간도 골프에 투자하기 어려운 사람이고."

"그렇죠."

"그러면 본능적인 감각, 우리의 유전자 속에 있는 운동의 지침, 조상 대대로 이어온 방법론, 우리가 이미 할 줄 아는 운동 경험을 따르는 것이 적은 노력으로 큰 성과를 낼 수 있는 첩경이라면 첩경일세. 잘 보게. 20 무릎, 30 허리, 40 어깨, 50 머리, 60 머리 위."

김헌 사부는 홍 대리에게 말을 따라 하게 하면서 거리별 샷을 보여주었다.

"사람마다 약간의 차이는 있지만 많은 사람을 가르쳐 보니 그 정도의 진폭으로 거리를 조절하는 것이 가장 보편적인 것 같더라고. 무릎, 허리 이것은 나의 법칙인 거고, 자네가 직접 하면서 자신만의 법칙을 만들어 보게 난 좀 쉬고 있겠네."

60
50
40
30
20

홍 대리는 샷을 연습하면서 프로는 감으로 거리를 조절하지만, 아마추어는 그놈의 감이 생길 만큼 연습을 하지 않기 때문에 이번 생에는 그 감이 생기질 않을 것이라는 사부의 농담을 떠올리며 혼자 키득거리면서 자신만의 거리 법칙을 만드느라 집중에 집중을 더했다.

"잘되고 있나?"

"예? 예!"

쉬시겠다던 사부님이 어느새 다가와서 뒤에서 보고 있는지도 몰랐던 홍 대리가 깜짝 놀랐다.

"이제 게임을 해보세."

"게임요?"

"초보자의 연습을 돕기 위해 내가 만들어 놓은 게임이 있지. 골프력 게임."

스크린골프의 화면을 보면서 커서를 옮겨 메뉴를 누르자 골프력 게임이라는 항목이 나타났다.

"골프력 게임에는 드라이버력, 우드&유틸리티력, 아이언력, 숏게임력, 퍼팅력…. 여러 가지가 있네. 오늘 하는 과목은 숏게임력 게임이네."

"스크린골프도 게임인데 또 다른 게임이 있나요?"

"하하하, 초보자는 18홀 스크린골프 게임도 벅차. 그리고 18홀 게임이 종합 수능시험이라면 내가 만들어 놓은 게임은 과목별 단과 게임이고 작은 단위의 게임일세. 하루만 배워도 할 수 있는 게임이지."

"아, 그렇군요!"

"각각의 과목을 잘하게 되면 18홀 게임을 저절로 잘하게 되겠지. 지금 배운 거리 조절만 어느 정도 익히고 나면 게임을 하는 것은 전혀 지장이 없네. 내가 하는 것을 잘 보게."

"예."

"이 게임은 열 개의 공으로 하는 게임일세. 처음 다섯 개의 공은 순차적으로 거리가 늘어나면서 거의 평지에서 평범한 상황에서 샷을 하게 된다네."

사부의 이야기대로 처음 다섯 개의 샷은 20m, 30m, 40m…. 순서대로 상황이 펼쳐졌다. 그냥 연습장이 아니라 그린이라고 하는 풍경이 보이는 곳에서 하는 게임이라 흥미진진하게 보였다.

"그다음 다섯 개의 공은 랜덤하게 거리를 줘서 더욱 실전에 가까운 상황이 전개되네."

그렇다. 후반이 되니 높낮이도 있고 벙커도 나오고, 러프와 페어웨이도 등장했다. 사부는 하나하나 꼼꼼하게 각 상황에서 거리를 계산하는 법을 설명하면서 게임을 했다.

"내리막은 거리를 빼고, 오르막을 거리를 더하고. 오른쪽 아래에 공이 놓인 상황별 거리 %를 잘 살펴야 하네 벙커는 -40% 러프는 -10%라는 식으로 표시되네. -10%라는 것은 100m를 쳐도

90m밖에 안 간다는 거니까 실제 얼마나 거리를 보내야 할지 계산하는 법을 잘 숙지해야 하네."

"예!"

-89점

"와!"

"오늘 컨디션이 좋지 않네."

"사부님 컨디션이 좋지 않은데 89점요? 헐."

"자, 이제 자네가 해보게. 내리막 오르막, 거리와 장애물들 이런 것들을 주의 깊게 살피면서."

"예!"

홍 대리는 이까짓 거라며 쉽게 시작했는데 막상 게임이라 생각하니 어디서 온 긴장감인지 긴장이 되면서 실수 만발이었다.

-틱 3점

-틱 4점

"우씨."

-틱 7점

-틱 5점

-34점

홍 대리는 최종 점수가 나오자 한숨이 절로 나왔다. 그때 먼발치에서 보고 있던 사부가 다가와 한마디 건넸다.

89

"첫 게임에 34점이면 잘한 거여. 다시 한 게임 해 보셔. 너무 잘하려 하지 말고, 차분히 집중하는 것과 긴장하는 것은 다른 겨."

"예."

두 번째 도전에 42점을 받고 세 번째 45점을 받았다.

"하면 할수록 좋아지는 것이 골프력 게임이여. 숙제가 있네."

"빈 스윙 말고 또 숙제가 있는 건가요?"

"골프력 게임 중 오늘 한 숏게임력 게임을 60점을 넘겨와야 하네. 다음에 올 때 시험을 볼 것이고, 합격이 안 되면 퍼팅 진도를 나가지 못하네. 여기 와서 연습해도 좋고, 회사 근처에 있는 행복골프훈련소에 가면 골프력 게임을 할 수 있을 거네. 행복골프훈련소는 내 제자들이 차린 골프 연습장이야. 그러니 같은 프로그램이 깔려있고, 그곳에 있는 프로들도 행복골프학교의 철학과 방법론으로 골프를 대하고 있으니 안심해도 되네."

"아하, 그렇군요. 이윤아 부장님과 몇 번 가봤습니다."

"거기서 연습하고 있는 사람 대부분이 우리 동문이라 생각하면 편할 걸세."

▶ 숏게임 입문

▶ 숏게임 심화 1+2

▶ 게임을 통한 학습

퍼팅 게임은 굴리기다

숏게임을 배운 다음 날, 홍 대리는 그간 준비해온 납품 제안서를 드디어 마무리했다. 그리고 마침 보름 만에 목발을 짚고 회사에 출근한 남윤창 과장에게 보고했다.

"흠, 수고했어. 일단 이윤아 부장님 보여드리고 다시 이야기하지."

다행히 남윤창 과장은 제안서 내용에 만족하는 듯했다.

"아, 그리고 이번 주 토요일에 머리 올리고 와라."

"네?"

"필드 경험 한번 없이 큰 건이 걸린 골프 미팅에 나갈 수는 없는 노릇 아냐? 마침 영업 2팀 최 팀장이 거래처 사원들이랑 골프 나간다고 하기에 너도 좀 껴달라고 내가 부탁했어."

이번 주 토요일이면 이윤아 부장이 윤길성 이사와 간부급 골프 미팅을 하는 날이기도 했다. 일주일 전에 미리 실전 경험을 할 수 있으니 남윤창 과장 말마따나 좋은 기회이기는 했지만 홍 대리는 막상 며칠 후에 필드에 나가야 한다니 자신이 없었다.

"과장님, 하지만 아직…."

"뭐가 문제야, 장충익 이야기 들어보니 스윙이 그럴싸하다고 그러던데."

눈치 없는 장충익이 홍 대리 없는 사이에 또 설레발을 친 모양이었다.

'그래도 토요일이면 사부님한테 퍼팅 게임까지는 배우고 나갈 수 있겠구나.'

홍 대리는 마음이 급해졌다.

●

"숏게임력 게임 많이 했나?"

행복골프학교를 다시 찾은 홍 대리에게 사부는 다짜고짜 시험을 보겠노라고 선언을 했다. 사실 홍 대리는 회사 끝나고 늦은 시간까지 하루에 다섯 게임 이상을 몰입했다.

"예. 열심히 해서 혼자서 할 때는 70점 가까이 받아 보긴 했습니다만, 여러 사람이 쳐다보는 시험이라는 상황에서는 어떨지…."

"골프라는 게임이 어차피 혼자 숨어서 하는 게임이 아니라 동반자와 갤러리가 있는 상황에서 하는 게임일세. 그 정도의 긴장감은 필요한 거지! 군말 말고 한 번 해보게."

–스윽 탁 7점

–스윽 탁 6점

–스윽 탁 7점

홍 대리는 후반에 들어 3점, 2점의 위기가 있었지만, 집중에 집중을 거듭해 62점으로 게임을 마무리했다.

"이 친구 꽤 소질이 있는걸? 사흘 만에 60점을 깨다니."

사부는 주변에 있는 사람들에게 큰 소리로 홍 대리를 칭찬했다. 주변에 있는 사람도 이구동성으로 칭찬을 아끼지 않았다.

"그런데 사부님, 궁금한 것이 있는데요. 20m 안쪽의 샷은 어떻게 하나요? 골프력 게임이야 20m 이상의 샷만 하면 되지만 실전의 상황은 그것보다도 더 짧은 거리도 남게 되지 않겠습니까?"

"그래, 그래. 자네같이 영민한 친구가 어째 질문이 없나 했다. 원리야 비슷한데 낮게 굴려서 홀 컵에 붙인다는 의미에서 낮게 던져 굴리기라고 이름을 붙였네."

"낮게 던져 굴리기?"

"우선 20m 이내에서는 더욱 정교한 샷을 해야 하니 걸음 수를 세어야 하네."

"걸음이요?"

...28 29 30
1
2
3

“음, 나중에 퍼팅할 때도 같은 원리로 거리를 조절하니 잘 듣게. 그린 주변에서 거리의 단위는 미터나 야드가 아니라 자신의 걸음이네. 사람의 걸음걸이는 나름 고유한 보폭을 가지고 있네. 그게 얼마인지 중요치 않고, 특별한 걸음이 아니라 평소의 편안한 걸음으로 핀까지 남은 거리를 재야 하네.”

▶ 낮게 던져 굴리기

“사부님, 근데 핀이 뭡니까?”

“하하하, 그래 핀이 뭔지 모르겠지. 그린 위에 꽂혀 있는 작은 깃발을 핀이라고 하네. 30m, 50m에서 핀에 3m 정도 붙이면 잘한 샷이지만, 10m가 남은 상황에서 3m에 붙이면 아쉬운 샷이 되는 거야. 따라 해 보게, 곱하기 3의 법칙.”

“곱하기 3의 법칙?”

“걸음 수에 3을 곱하면 백스윙의 크기가 된다고 이해하면 되네. 숏게임 스윙의 원리는 똑같고, 진폭의 크기를 곱하기 3의 법칙으로 결정하면 된다는 뜻일세.”

사부는 남은 거리를 걸음 수로 계산하고 백스윙의 크기를 결정한 다음 여러 번 반복해서 리듬과 템포를 찾아 한 샷 한 샷 거듭했다.

“이제 자네가 해보게.”

홍 대리도 신중하게 이런저런 거리에서의 샷을 시도해 보았다. 턱없는 샷도 있지만 나름 기막히게 핀에 접근하는 샷도 있다.

3 x 30(걸음) = 90cm
90cm

"그런데 사부님 웨지도 피칭 웨지, 샌드웨지, 어프로치 웨지 여러 가지가 있던데 어떤 것으로 하는 것이 좋은가요?"

"일단 어프로치 웨지를 기준으로 연습하고, 피칭과 샌드를 연습하게. 연습하다 보면 로프트 각도의 차이에 따라서 피칭은 곱하기 2 정도가 적당하고, 샌드웨지는 곱하기 4 정도로 하면 비슷한 거리를 탄도를 조절하면서 보낼 수 있게 될 걸세. 저녁 안 먹었지? 나도 배가 고프니 중국집에 시켜먹으세."

"사부님 오늘 제가 쏘면 안 되겠습니까?"

"안 될 거야 있나? 그럼 요리를 하나 시켜도 되겠나?"

"예! 그 정도 대접을 못 하겠습니까?"

홍 대리에게 겁을 주었지만, 사부가 중국집 전화번호를 뒤적여 시킨 것은 탕수육과 서비스 군만두 정도였다.

"저녁이 늦으셨네요."

김현 사부와 홍 대리가 배달 온 음식을 먹고 있는 사이 이윤아 부장이 골프학교를 찾았다.

"아, 부장님, 오늘은 무슨 일로…?"

"모레 토요일에 간부급 골프 미팅이잖아요. 마침 근처에서 식사 약속도 있고 해서 연습할 겸 들렀어요."

"사실은 저도 남윤창 과장이 자리를 마련해줘서 토요일에 필드에 나가게 되었습니다."

"잘됐군요. 아, 그리고 홍 대리가 작성한 납품 제안서 잘 봤어요. 바로 대신건설 측에 전달했고요. 뚜껑을 열어 봐야 알겠지만, 그 정도면 승리철강 쪽 제안에 꿀리지 않을 거예요."

"아, 감사합니다!"

"제안서 내용도 좋은 데다 나야 비즈니스상 골프를 쳐 본 경험이 많으니 토요일 미팅은 별 탈 없을 거예요. 결국, 실무진 미팅이 관건이 되겠죠. 홍 대리도 준비 잘 되어가고 있나요?"

"네, 사부님이 잘 가르쳐주셔서…."

하지만 홍 대리는 실무진 미팅이 관건이라는 이야기에 부담을 느끼지 않을 수 없었다.

"자, 이제 그럼 슬슬 본격적으로 퍼팅을 배워 볼까?"

이때 식사를 마친 김헌 사부가 자리를 털고 일어나자 이윤아 부장이 말했다.

"퍼팅 연습하실 거죠? 홍 대리 가르쳐주시는 동안 저도 복습하는 마음으로 듣겠습니다. 저도 요즘 퍼팅이 좀 난조여서."

"저 같은 초보가 듣는 이야기를 부장님도 같이요?"

"사부님 강의는 여러 번 들어도 들을 때마다 새로워요, 하하하. 나중에 홍 대리도 알게 될 거예요."

"그래, 홍 대리는 퍼터 챙겨 오게. 자네, 퍼터가 뭔지는 알지?"

타석 옆 이런저런 클럽들이 뒤섞여 놓인 곳에 퍼터가 하나 있었다. 제아무리 초짜라 해도 퍼팅이 공을 쳐서 홀에 곧장 넣는 것이고, 퍼터가 다른 클럽과 달리 헤드가 티(T) 자 모양으로 생겼다는 것 정도는 홍 대리도 알고 있었다. 하지만 실제로 손에 쥐어 보는 게 처음이기는 다른 클럽들과 마찬가지였는데 가장 짧은 거리를 치는 클럽인 만큼 퍼터는 이제까지 써 본 클럽 가운데 샤프트가 가장 짧았다.

"내기하세."

"예?"

사부는 스크린골프의 퍼팅 연습 모드를 틀고 말했다.

"여기에서부터 퍼터로 공을 쳐서 홀에 먼저 공을 넣는 사람이 천 원씩 주는 거야. 자네는 처음 해 보는 거니 내가 한 타씩 잡아 줌세. 나랑 같은 퍼팅 수로 넣으면 자네가 이기고 나보다 한 번 더 치면 비기는 거지."

김헌 사부 타석에 서고 홀까지는 대략 20m 정도였다. 홍 대리가 언뜻 보기에 두세 번이면 충분히 넣을 수 있지 않을까 싶은 거리였다. 게다가 김헌 사부가 한 번씩 더칠 수 있도록 배려를 해주었으니 충분히 승산이 있을 것 같았다.

"사부님, 그럼 퍼팅하는 요령을 먼저 좀 알려주시면 안 될까요?"

"허어, 그래도 명색이 내기인데 패를 다 보여주고 하면 나한테 너무 불리하지 않은가? 일단 자네 하고 싶은 대로 한번 해 보게."

아니나 다를까 김헌 사부는 이번에도 역시 먼저 속 시원히 이야기해주지 않았다. 하지만 돌이켜보건대 다짜고짜 시키는 대로 따라 하기보다는 다소 엉뚱하기는 해도 스스로 원리를 파악하는 과정을 통해 배우니 이해가 잘 되는 것 같았다.

"자, 그럼 내가 먼저 시작하지."

홍 대리는 김헌 사부가 퍼팅하는 모습을 유심히 관찰했다. 놀랍게도 첫 번째 퍼팅만으로 거의 홀에서 10~20cm정도 떨어진 곳까지 공을 보냈고, 두 번째 퍼팅으로 홀에 넣었다.

"와!"

"흠, 자네 차례일세."

퍼터를 건네받은 홍 대리는 좀 전에 김헌 사부가 퍼팅할 때의 자세를 떠올렸다. 다른 스윙을 할 때와는 달리 무릎을 많이 구부리지 않았고, 등을 편 상태에서 허리를 굽혀 공을 바라보는 시선이 거의 수직이 되도록 했다. 또 스윙 폭도 상대적으로 작았다.

홍 대리는 제 딴에는 그대로 따라 하며 퍼팅을 했건만 결과는 김헌 사부와 영 딴판이었다. 첫 번째 퍼팅에서는 공이 홀까지의 거리 절반에도 이르지 못한 채 멈춰버렸고, 그래서 두 번째는 좀 더 강하게 쳤더니 원래 거리보다 더 많이 남았다. 그렇게 헤매다 결국 여섯 번 만에 겨우겨우 홀에 공을 넣었다.

"휴, 생각만큼 잘 안 되네요."

"어쨌든 내가 이겼으니 어서 천 원 주게."

그렇게 대여섯 번 더 내기했지만 홍 대리는 단 한 번도 김헌 사부를 이기지 못했다. 번번이 공이 나아가는 거리도 방향도 뜻대로 되지 않았다. 마침내 김헌 사부가 더는 못 보겠다는 투로 입을 열었다.

“폼만 백날 흉내 내면 뭐하누. 자세는 결국 목적과 원리에서 나오는 거라고 몇 번을 더 말해야 알아듣겠나?”

홍 대리는 얕은 속내를 들킨 것 같아 얼굴이 붉어졌다.

“퍼팅은 결국 홀에 공을 넣는 게 목적이야. 형식에 얽매일 것이 아니라 꼭 넣겠다는 의지가 더 중요하다네.”

김헌 사부는 차를 한 잔 마셔야겠다며 사무실로 들어갔다.

‘형식에 얽매이지 마라.’

홍 대리는 사부의 말대로 자세에 연연하지 않고 오로지 어떻게 해서든 공을 홀에 넣겠다는 일념으로 퍼팅에 몰입했다. 그랬더니 정말 좀 전에 할 때보다는 훨씬 적은 타수 만에 공을 넣을 수 있었다.

“에헴, 그래도 아까보다는 훨씬 나아졌네.”

언제 왔는지 사부가 뒤에서 인기척을 냈다.

“그런데 여전히 공을 때리고 있군그래. 아마추어 수준의 연습량으로 퍼팅 성공률을 높이려면 때릴 게 아니라 굴려야 유리해.”

‘때리지 말고 굴리라고?’

홍 대리는 어쩌라는 것인지 통 이해가 되지 않았다.

“때린다는 감으로 퍼팅을 하면 클럽 헤드가 공과 맞닿을 때 강한 임팩트를 주는 데 집중하게 되고 사실상 동작 자체도 그 순간에 멈추고 말지. 그럼 공은 회전 없이 앞으로 쭉 밀리다가 구르기 마련이야. 그럼 바닥과의 마찰로 나아가는 거리가 현저히 줄어드는 데다 구를 때도 점과 점의 만남이 되어버려서 클럽페이스의 각도가 주는 영향이 절대적으로 커지면서 방향이 불안정해지지. 때리는 퍼팅으로도 잘하는 사람이 있긴 한데 그렇게 되는 데는 훨씬 많은 연습이 필요해."

홍 대리가 여전히 고개를 갸웃거리자 김헌 사부는 그를 교탁으로 데리고 갔다. 그러고는 원통형으로 생긴 녹차 통을 꺼내 가져와 한쪽에 놓인 테이블 위에 놓았다.

"자, 이걸 보게."

김헌 사부는 녹차 통을 눕히더니 손바닥으로 탁 끊어쳤다. 녹차 통은 앞으로 쭉 나아갔는데 통에 포장 라벨이 둘려 있어서 회전 없이 미끄러지는 게 확연히 보였다. 그렇게 어느 정도 전진한 후에야 구르기 시작했는데 밀릴 때 나아가던 방향에서 경로가 살짝 틀어졌다.

"이게 바로 때리는 걸세. 이래서는 내 손에 맞은 녹차 통이 어떻게 움직일지 전혀 감을 잡을 수가 없지."

김헌 사부는 녹차 통을 다시 가져와 이번에는 손바닥 면으로 가볍게 쓸어 올리듯 녹차 통을 밀었다. 그러자 녹차 통은 손바닥이 미는 방향으로 곧장 구르기 시작했고 결국 테이블과 맞닿은 벽에 부딪혔다.

"이게 굴리는 거야. 이렇게 했더니 녹차 통이 내가 처음에 민

녹차

방향 그대로 나아가지 않았나? 이 녹차 통이 골프 공이고 손바닥이 퍼터라고 생각해봐. 어떻게 해야 공을 내가 원하는 방향과 거리만큼 보내는 데 유리하겠나?"

"당연히 굴려야죠."

"두말하면 잔소리지. 그리고 그렇게 굴리려면 공이 스윙 궤도의 최저점보다 약간 왼쪽에 있어야 하지 않겠나? 최저점 혹은 최저점에 이르기 전에 공과 만나면 백 스핀이 먹을 테니 말이야. 그래서 아까 자네가 한 것처럼 허리를 굽혀 공을 바라보는 시선이 거의 수직이 되도록 하되 공이 왼쪽 눈 아래에 오게 하는 정도면 적당하지."

홍 대리는 때리지 말고 굴려야 하는 이유를 깨닫고 나니 자세와 공의 위치까지 자연스레 이해할 수 있었다.

"또 퍼팅은 낮게 던져 굴리기보다도 더 정확함을 요구하는 만큼 가능한 한 자잘한 움직임을 줄이고 오로지 광배근의 작동으로만 스윙한다고 생각해야 하네."

"광배근요?"

"그렇네. 다른 스윙을 할 때도 큰 근육을 쓰라 하지 않았나? 숏게임 스윙도 풀 스윙도 작은 근육의 사용보다 등판에 있는 큰 근육을 써야 하네. 퍼팅도 마찬가지라는 거지. 손목의 움직임은 완전히 통제하게. 자, 이제 그럼 다시 한번 해 보게. 공을 굴린다는 이미지를 확실히 떠올리면서 말이야."

결과는 놀라웠다. 그저 머릿속 이미지를 변화시켰을 뿐인데 좀 전에 할 때와는 비교도 안 될 만큼 방향과 거리를 조절하기가 수월해진 것이다.

그런데 계속 반복하다 보니 그때그때 적당한 거리를 보낼 수 있는 스윙의 세기를 판단하기가 만만치 않았다. 가깝다고 생각해 너무 살살 휘두르면 아예 홀에 못 미치기도 했고, 좀 멀다 싶어 힘을 좀 더 주면 공이 홀에 살짝 걸쳤는데도 앞으로 나아가는 힘이 너무 세서 그냥 지나쳐버리기도 했다.

"사부님, 혹시 그럼 퍼팅에는 거리를 조절하는 특별한 요령은 없나요? 낮게 던져 굴리기를 할 때 곱하기 3의 법칙 같은…."

"퍼팅할 때도 마찬가지로 곱하기 3의 법칙대로 하면 된다네. 다만 공을 홀에 넣으려면 홀을 지나칠 정도의 힘이 실려야 하니, 실제 걸음 수보다 한 걸음씩 더 해야 하지. 공을 보내려는 거리가 다섯 걸음이면 백스윙을 15cm, 열 걸음이면 30cm 이런 식으로 말이야. 이때 백스윙이 15cm든 30cm든 헤드가 공에 맞는 순간까지 걸리는 시간은 같아야 해. 결국, 공에 맞는 순간 헤드의 속도에 의해 거리가 결정되기 때문이지. 요컨대 백스윙 크기와 상관없이 스윙의 템포는 같아야 한다는 말이야. 백날 백스윙을 늘려도 템포가 늘어지고 헤드의 속도가 같다면 거리는 변하지 않아. 속으로 메트로놈의 리듬처럼 똑딱똑딱하면서 퍼팅을 해보면 결과가 훨씬 좋을 거야."

5(걸음)x3=15cm

5 걸음

똑딱똑딱 속으로 흥얼거리며 홍 대리는 곱하기 3의 요령으로 몇 번 더 퍼팅해 보았다. 거리를 판단할 수 있는 일정한 기준이 생기니 한결 마음 편하게 방향에만 집중할 수 있었다.

▶퍼팅 입문

▶퍼팅 심화 1+2

"흠. 잘하는구먼, 그래. 그럼 이제 게임을 해 볼까?"

"네? 또 게임요?"

"토요일에 머리 올린다며? 게임이 어떻게 진행되는지도 모르고 필드 나가서 무슨 망신을 당하려고 그래. 퍼팅 게임을 해 보고 가야지."

퍼팅력 게임도 숏게임력 게임과 같은 구조로 되어있었다. 다섯 개의 공은 차례대로 거리가 늘어나고, 후반 다섯 개의 공은 실전 상황에 맞춰 다양한 거리와 경사가 랜덤하게 주어졌다. 숏게임력 게임과 마찬가지로 처음에는 형편없는 점수가 나왔는데 몇 번 거듭하자 숏게임보다는 쉽게 점수를 늘릴 수가 있었다.

"퍼팅력 게임도 60점을 넘기는 것이 숙제라는 것 알겠지?

"예."

시간은 이미 열 시를 훌쩍 넘기고 있었다. 홍 대리는 이렇게 늦은 시간까지 자신을 위해 애써주는 김헌 사부가 고맙기 그지없었다.

홍 대리, 드디어 머리 올리다

“오늘은 게임을 할 걸세.”

골프 학교에 온 홍 대리를 이끌고 김헌 사부는 학교 근처의 스크린골프장을 찾았다. 두 사람을 방으로 안내한 종업원 사내가 물었다.

“그럼 두 분이 함께하실 건가요?”

“아냐, 이 친구 혼자 할 걸세.”

“골프장은 어디로 선택해드릴까요?”

“홍 대리, 내일 자네 가는 골프장이 어디라고 했지?”

“네? 수원에 있는 J 골프장입니다.”

“그럼, 거기로 하지.”

종업원이 컴퓨터를 조작하자 화면에 골프장 전경이 펼쳐졌다.

"그럼 즐거운 시간 보내십시오."

종업원이 방을 나가자 홍 대리가 김헌 사부에게 물었다.

"학교에도 스크린골프가 있지 않습니까?"

"있지. 일단 자네가 가려는 J 골프장이 학교에 있는 스크린에는 없고, 스크린만 가지고 영업을 하는 이런 스크린골프장도 좀 경험을 시켜주려고. 초보자는 스크린골프에 먼저 익숙해져야 하네. 아마 친구들이나 동료 선배들, 거래처와 무수히 드나들게 될 걸세. 스크린골프장에는 전국 웬만한 골프장 코스는 물론이고 한국인들이 많이 찾는 외국 골프장들도 대부분 있지. 게다가 그곳 그린 상태까지 간접적으로나마 체험할 수 있다네."

"그럼 정말 저 같은 사람한테는 딱 맞네요."

"그렇지. 스크린골프 자체를 즐기기 위해 찾는 사람도 많지만, 필드 나가기 전에 코스 점검 차 스크린골프장을 찾는 사람도 꽤 많다네."

비록 스크린골프장이기는 하지만 라운드를 하며 이제까지 배운 스윙들을 써먹을 생각에 흥분의 기색을 감추지 못하는 홍 대리에게 김헌 사부가 말했다.

"쯧쯧. 이제 곧 절망의 구렁텅이를 겪게 될 줄도 모르고 마냥 신났구먼, 그래."

"네? 절망의 구렁텅이요?"

"내 말이 무슨 뜻인지 곧 알게 될 걸세."

화면에 나타난 첫 번째 홀은 344m 거리의 파4 홀이었다.

"자네 파par가 뭔지는 아나?"

"홀별 규정 타수 아닌가요?"

"그래. 몇 번 만에 공을 홀에 넣어 홀 아웃hole out해야 하는지 정해놓은 것을 파라고 하지. 그럼 그 규정 타수보다 한 타를 덜 치면 뭐라고 하는지도 알고 있나?"

"아, 그런 걸 가리키는 이름이 따로 있는 모양이군요?"

"한 타를 줄이면 버디birdie, 두 타를 줄이면 이글eagle, 세 타를 줄이면 알바트로스albatross라고 하지. 반대로 한 타가 늘면 보기bogey, 두 타가 늘면 더블 보기, 세 타면 트리플 보기라고 한다네."

"그럼 규정 타수보다 네 타를 더치면…."

"공식적으로는 쿼드루플 보기quadruple bogey라고 하네만 규정 타수의 두 배가 되면 아마추어 경기에서는 더블 파 혹은 양파라고 해서 일반적으로 그 타수까지만 기록한다네. 스크린골프장에서도 그렇고 말이야. 이를테면 파3 홀이면 일곱 타를 치든 여덟 타를 쳐든 여섯 타로 기록을 하는 거지."

홍 대리는 순간 필드에서 더블 파를 쳐 망신당하는 자신의 모습이 머릿속에 스쳤다. 정말 생각만 해도 끔찍한 일이었다.

"자, 이제 티샷 해야지."

드라이버를 들고 타석에 들어선 홍 대리는 캐디기 페달을 밟아 티에 공을 올렸다.

"후…."

크게 심호흡을 한 뒤 자리를 잡고 크게 백스윙을 했다. 그때였다.

"빈 스윙!"

클럽을 뒤로 들어 올리고 있던 홍 대리는 하마터면 김헌 사부의 고함에 놀라 뒤로 나자빠질 뻔했다.

"벌써 3빈 1타 잊었어? 연습할 때든 실제 필드에 나가서 라운드할 때든 절대 잊지 말아야 한다고!"

"아, 네."

"단, 스크린골프를 하든 필드에 나가든 게임을 할 때는 한 번만 하게."

"그건 또 왜…?"

"골프는 축구나 농구처럼 딱 정해놓은 시간 내에 시합을 끝내야 하는 것은 아니지만 무작정 경기를 지연해서는 안 된다는 암묵적인 규칙이 있다네. 그러니 내가 시간을 많이 잡아먹으면 상대방이 쓸 시간이 그만큼 줄어들지. 동반자가 여유 있게 플레이를 할 수 있도록 해주는 게 배려이자 예절이야."

홍 대리는 타석에서 한 발 물러서 빈 스윙을 했다. 그러면서 전에 배운 드라이버 스윙의 궤도, 공의 위치 등을 떠올렸다. 그리고 타석에 들어 드디어 드라이버 스윙을 했다.

–딱!

"앗!"

공은 한눈에 보기에도 빗맞아 스크린의 오른쪽 부분에 맞았고 화면 속 공은 잔디 지역을 지나 쭉 날아가더니 결국 숲이 우거진 곳으로 떨어졌다. 거리는 '121m'라고 표시되었는데 드라이버 샷이라기에는 터무니없이 짧은 거리였다.

"쯧쯧, 러프에 걸렸군."

"러프요?"

"그래. 골프 코스는 자네가 방금 티샷을 친 티잉 그라운드teeing ground, 홀 주변 퍼팅 지역인 그린green, 그 사이에 있는 잔디 지역인 페어웨이fairway로 구성되고, 그 주변에 해저드hazard와 러프rough 등의 장애물이 있다네. 모래로 된 벙커나 연못, 호수를 해저드라 하고, 자네 공이 떨어진 곳 같은 수풀 지역을 바로 러프라고 하지."

"그럼 어떻게 해야 하나요?"

"어떡하긴 뭘 어떡해? 거기서 두 번째 샷을 해야지, 자네가 벌려놓은 일인 걸."

홍 대리는 정성을 기울여 날린 첫 번째 샷이 엉망이 되어버리자 풀이 죽을 수밖에 없었다.

"많이 아쉬운 모양이군그래."

"거리도 너무 짧고, 방향도 비뚤어지고…."

"예끼! 이런 고얀 놈 같으니라고, 클럽 잡은 지 고작 한 달도 안 된 주제에 어디서 배부른 소리야!"

홍 대리는 화들짝 놀라 입을 다물었다. 김헌 사부가 무뚝뚝하기는 해도 이렇게까지 혼을 낸 적은 없었기 때문이었다. 잠시 침묵이 흘렀고 좀 진정이 됐는지 김헌 사부가 다시 입을 열었다.

"골프는 결국 운동이고 게임이야. 그럼 기쁜 마음으로 즐겨야지. 내 말이 맞나 틀리나?"

"마, 맞습니다."

"그렇다면 포기해야 할 세 가지가 있네."

홍 대리는 잔뜩 긴장한 채 숨을 죽였다.

"아마도 지금 자네가 간절히 원하는 것이기도 할 걸세. 그것은 바로 비거리, 방향, 굿 샷good shot이야."

'비거리, 방향, 굿 샷?'

홍 대리는 자기 귀를 의심치 않을 수 없었다. 그가 알기에 그 세 가지야말로 골프를 잘하기 위해 꼭 필요한 것들이었기 때문이었다.

"첫 번째, 비거리를 포기해야 하는 이유는 주제넘은 욕심을 부려서는 안 되기 때문일세."

김헌 사부가 얼떨떨해하는 홍 대리에게 말했다.

"골프란 정직한 게야. 투자한 만큼 결과가 나오지. 아마도 하루에 30분가량 꾸준히 스윙 연습을 하면 드라이버 샷을 180m 정도는 보낼 수 있을 거야. 한 시간을 투자하면 200m, 두 시간이면 240m 이런 식으로 연습량에 비례해 거리가 늘게 마련이지. 그런데 골프를 치는 사람들 대부분이 하루 30분은커녕 연습장이나 필드에 나올 때 빼고는 클럽 한 번 안 잡다가 막상 라운드할 때는 매일 연습한 사람이나 보낼 수 있는 거리를 욕심내지."

김헌 사부의 이야기를 들은 홍 대리는 이제 막 골프를 배우고 처음 라운드를 해 보는 형편이면서 원하는 만큼 멋진 샷이 나오지 않았다고 실망한 자신이 민망해졌다.

"자네 슬라이스가 뭔지 아나?"

"슬라이스요?"

"목표했던 방향에서 공이 오른쪽으로 휘면서 비켜나가는 것을 슬라이스slice라고 하네. 아마추어 골퍼 대부분이 슬라이스라는 병을 앓지. 그들은 대개 슬라이스가 기술적인 문제라고 생각하는데 사실은 그렇지가 않아. 노력 대비 기대 수준이 높아서 생기는 마음의 병이지. 거리 욕심을 버리고 자기 스윙에만 집중하면 절로 낫는다네."

이야기를 계속 듣던 홍 대리는 묻지 않을 수 없었다.

"지금 사부님께서 슬라이스를 병이라고까지 말씀하신 만큼 방향만큼은 정확해야 하지 않나요? 그런데 왜 방향에 대한 욕심까지 버리라고 하시는지…."

"방향에 대한 욕심을 버리라는 게 아니라 직진성 공을 고집하지 말라는 뜻이야. 슬라이스가 나도 백 번 쳐서 똑같이 휘기만 한다면 문제 될 게 없지."

"네?"

"내가 방향에 대한 욕심을 버리라는 것은 일직선으로 곧게 가는 타구만 고집하지 말라는 말일세. 모로 가든 똑바로 가든 일관성만 확보된다면 문제 될 게 없지. 그에 맞춰 조준을 달리하면 될 테니 말이야. 이를테면 칠 때마다 번번이 오른쪽으로 빗나가는 사람이면 빗나가는 만큼 왼쪽으로 조준을 하면 되는 거지. 사격이나 양궁에서도 그렇게 하고, 실제로 프로 골프 선수들도 그렇게 하는 것을 아마추어 초짜 골퍼들만 직진성 타구를 고집하고 있는 거야."

"하지만 그렇게 오조준을 해서 방향을 맞추는 것도 결국 굿 샷이 목적 아닌가요? 그런데 왜 굿 샷마저 포기해야 한다고 하시는 건지 도무지…."

이제까지 김헌 사부와 만나 배운 것들이 모두 멋진 샷을 만들기 위한 것일 텐데 홍 대리는 그마저 포기하라는 이야기만은 정말 이해가 되지 않았다.

"물론 굿 샷을 만들기 위해 노력해야지. 다만 지나치게 연연하지 말라는 말일세. 자네 같은 초짜는 물론이고 매일 골프만 치는 프로 골퍼도 매번 굿 샷을 칠 수는 없어. 그런데 첫 스윙이 굿 샷이 되지 않았다고 해서 좌절하고 스트레스를 받으면 다음 샷도 좋은 결과를 기대하기 어렵게 되고 결국 게임 스코어 자체가 엉망이 되지. '유효샷'에 만족할 줄 알아야 게임을 성공적으로 운영할 수 있다는 것을 명심하게."

"유효샷이요?"

"일반적인 수준의 아마추어 골퍼가 열 번 스윙하면 그중 한두 번 정도 굿 샷을 하고 두세 번 정도는 미스샷에 가까운 샷이 나와. 나머지는 원했던 만큼은 아니지만 분명 홀까지 공을 보내는 데 보탬이 되는 샷이 되지. 그게 바로 유효샷일세. 좀 전에 자네가 친 샷도 러프로 공을 보내기는 했지만, 분명 100m 이상 공을 보냈지 않았나? 그럼 티잉 그라운드에서부터 다시 출발하는 것보다야 훨씬 나은 셈이지."

"그렇긴 해도 규정 타수 내에 홀을 마치려면 좀 더 멀리…."

"자네, 욕심이 과하군. 이제 막 골프를 시작한 초보자가 파4 홀에서 더블 보기를 하면 아주 만족스러운 성적이지. 좀 전에 자네가 한 티샷으로도 다음부터 잘만 하면 더블 보기 정도야 거뜬히 할 수 있지 않겠나?"

티샷이 121m를 나갔으니 223m가 남았고, 파4 홀에서 더블 보기면 여섯 타로 공을 홀에 넣는 것이니 별다른 미스가 나지 않는다면 남은 다섯 번의 샷으로 홀 아웃하는 것은 그리 어렵지 않을 것 같았다.

"그럼 그렇게 유효샷을 쳤다는데 만족하고 그 상황에 맞춰 다음 샷을 준비하는 게 현명한 골프고, 골프를 진정으로 즐길 수 있는 길이라네."

홍 대리는 김헌 사부의 이야기를 듣고 한결 마음이 편해졌다.

첫 번째 샷이 비록 러프에 떨어지기는 했지만, 게임은 아직 끝난 게 아니기 때문이었다.

"자, 그럼 이제 두 번째 샷 해야지. 파4 홀의 경우 두 번 스윙해서 공을 그린에 올리거나 그 근처에 이르게 한 후에 두 번 더쳐서 홀에 넣을 수 있게끔 디자인된 코스야. 그런 만큼 이번 샷이 아주 중요하지."

이제 홀까지 남은 거리는 223m. 일단 어떤 클럽을 쓸지 결정해야 했다. 적어도 200m 정도는 공을 보내야 그린에 접근할 수 있어서 드라이버 외에 가장 먼 거리를 보낼 수 있는 페어웨이우드를 써야 할 상황이었다.

"으흠, 난 밤잠이 많은 사람일세. 배려와 예절에 대해 말한 걸 벌써 잊은 겐가?"

김헌 사부의 은근한 재촉에 홍 대리는 결국 3번 우드를 골라 들었다. 규정 타수에 맞추기 위해서는 별다른 수가 없다고 판단했기 때문이었다.

하지만 막상 다시 타석에 올라 화면을 보니 홍 대리는 마음이 더 무거워졌다. 그린을 향한 전방에 수풀이 우거져 있어 자칫하면 공이 나무에 맞고 튕겨 나올 것 같았다.

홍 대리는 빈 스윙을 거쳐 지난번 배웠던 페어웨이우드 스윙 요령을 떠올리며 비로소 두 번째 샷을 했다. 하지만 그 결과는 참담했다. 공이 완전히 빗맞아 틱 소리를 내며 또 오른쪽으로 날아가더니 이번에는 아예 러프 지역마저도 지나버렸다.

–OB

'오비?'

홍 대리는 화면에 뜬 낯선 두 글자에 당황하지 않을 수 없었다.

"아웃 오브 바운즈out of bounds의 약자라네. 러프까지는 홀의 코스 중 일부이기 때문에 계속 이어서 치지만 그 밖으로 나가면 벌타를 하나 받고 같은 곳에서 다시 쳐야 하네."

규정 타수를 지키려고 굳이 페어웨이우드를 썼던 것인데 결국 1m도 더 보내지 못하고 타수만 늘린 셈이 되어버린 것이었다.

홍 대리는 다음 샷에서 일반적으로 사용하는 아이언 중에 가장 긴 4번 아이언으로 다시 쳐서 154m를 보낸 후 가까스로 그린에 공을 올렸다. 그리고 12m 거리가 남은 상황에서 세 번의 퍼팅으로 마침내 공을 홀에 집어넣었다. 결국, 파4 홀에서 일곱 타수 만에 홀 아웃했으니 트리플 보기를 기록한 셈이다.

"휴, 죄송합니다. 밤늦게까지 챙겨주신 사부님을 생각해서라도 잘해 보려고 했는데…."

"참 내, 이 친구 또 배부른 소리 하는군그래. 난생처음 돈 홀에서 트리플 보기를 했으면 엄청 잘한 거야. 2~3년 구력 골퍼 중에도 보기는 기본이고 더블 보기와 트리플 보기도 밥 먹듯이 하는 사람이 많아."

대놓고 칭찬을 한 것은 아니었지만 홍 대리는 은근히 힘이 났다.

"자, 한 홀만 더 돌아보세."

두 번째 홀은 473m의 파5 홀이었다. 홍 대리는 티샷을 하기 위해 다시 타석에 들어섰다.

'이번 드라이버 샷은 꼭 제대로 해내고 말 테다!'

첫 번째 홀에서의 부진을 만회하겠다는 각오를 다지며 셋업을 하는 홍 대리에게 김헌 사부가 말했다.

"쯧쯧, 그렇게 뻣뻣한 상태로는 결코 자연스러운 스윙이 나오지 않아. 셋업은 단지 공의 위치와 목표를 고려해 자리를 잡기 위한 것만이 아닐세. 더 본질적인 목적은 몸의 긴장을 푸는 거야."

홍 대리는 그제야 손목을 비롯해 온몸에 잔뜩 힘이 들어가 있다는 것을 깨달았다.

"물론 집중이 필요하지만 그렇다고 거기에만 신경이 쏠려 몸이 굳어서는 안 돼. 탁구나 배드민턴 선수들이 서브하기 전에 어떻게 하던가?"

"그, 글쎄요."

"발을 구르고 채를 흔들며 몸을 풀지 않던가? 골프에서도 마찬가지로 그런 준비 동작이 필요하다네. 이를 웨글waggle이라고 하지."

홍 대리는 공 위치에 맞춰 다시 자리를 잡은 후 클럽을 앞뒤로 살짝 흔들면서 어깨와 손목의 긴장을 풀었다. 그렇게 몸의 근육이 이완되니 자연스레 마음의 부담도 덜해지는 것 같았다.

'그래, 골프 시작한 지 보름도 채 안 된 마당에 남들 하는 것처럼 뻥뻥 쳐낼 수야 없지. 연습 때 하던 대로 스윙에만 집중하자.'

– 딱!

그렇게 쳐낸 두 번째 티샷은 비교적 스크린의 가운데를 맞히기는 했지만, 화면 속에서 공이 오른쪽으로 휘기 시작하더니 결국 떨어진 공은 또 러프 지역에 살짝 걸치고 말았다. 거리는 174m가 표시되었다.

"잘했네. 유효샷인 데다 자네 수준에서는 굿 샷이라고까지 할 만해."

이제 남은 거리는 299m. 홀까지는 아직 까마득했다.

"욕심부리지 말고 더블 보기 정도만 노리게. 모든 홀에서 더블 보기를 기록하면 108타가 되는데 초보 골퍼로서는 아주 훌륭한 스코어지."

파5 홀에서 더블 보기면 두 타를 더해 일곱 번 만에 홀 아웃해야 한다.

'더블 보기가 목표라면 이제 여섯 타가 남은 셈인데, 첫 번째 홀에서처럼 퍼팅에 세 타를 할애한다고 치면….'

"사부님, 그럼 제가 아직 페어웨이우드 샷은 서투니 아이언 중에서도 그나마 가장 익숙한 7번 아이언으로 세 번 쳐서 그린에 접근해 보겠습니다."

"내게 묻지 말고 자네 생각대로 하게. 그렇게 전략을 짜는 것도 실력이니 스스로 연습을 해 봐야 하네."

그리하여 이어진 두 번째 아이언 샷은 살짝 탑핑이 되면서 80m를 간신히 넘겼다. 그리고 뒤땅이 난 세 번째 샷은 70m를 채 보내지 못했다.

"휴."

홍 대리는 두 번의 미스 샷을 낸 후 다시 한번 자신을 점검했다.

'미스가 나기는 했지만 어쨌든 두 번 다 유효 타가 되어 150m 가량을 더 보냈으니 이제 120m 정도만 거리가 나오면 그린에 올릴 수도 있어.'

그리고 아이언 샷에 맞추어 셋업과 시선을 조정했다.

'나는 지금 공을 때리는 게 아니라 소리를 내는 거야, 소리!'

—딱

'그래, 이거야!'

홍 대리는 클럽을 휘두른 후 화면을 채 보기도 전에 소리와 손의 느낌만으로 이번에는 제대로 맞았다는 감이 들었다. 아니나 다를까 목표했던 방향으로 쭉 날아가는 공을 바라보며 홍 대리는 화면에 거리가 표시되기를 숨죽여 기다렸다.

—117m

"와!"

아쉽게도 그린에 올리지는 못했지만 두세 걸음 거리까지 근접했고 홀까지 남은 거리는 22m였다.

"드디어 진짜 굿 샷을 해냈군. 자, 이제 어떻게 할 텐가? 22m면 홀을 직접 겨냥할 만한 거리지만 그린이 아니니 퍼팅을 할 수는 없는 노릇인데 말이야."

김헌 사부의 힌트에 홍 대리는 대번에 답을 떠올릴 수 있었다.

"아! 그린 주변 어프로치, 낮게 던져 굴리기!"

"그렇지! 이 친구 갈수록 맘에 드는군그래. 3의 법칙 기억하지? 스크린골프에서는 직접 걸음 수를 잴 수 없으니 미터 수를 걸음으로 환산해서 백스윙의 크기를 정하게."

"사부님, 그럼 필드에 나가서는 진짜로 걸음 수를 세야 하는 건가요?"

"낮게 던져 굴리기나 퍼팅을 할 정도의 거리에서는 당연히 그래야지. 아니면 어떻게 걸음 수를 파악할 수 있겠나? 그보다 먼 경우에는 어쩔 수 없겠지만 말이야. 하지만 행여 전체 걸음 수를 확인하지는 못하더라도 1/2 지점을 찾고, 다시 1/4 지점을 찾아서 걸어 보면 거리를 측정하는 데 큰 도움이 되지. 눈대중으로 거리를 측정하는 능력도 골프에서 아주 중요하다네."

AW웨지를 들고 타석에 든 홍 대리는 생각을 굴렸다.

'남은 거리가 22m고 보폭이 1m라 치면 백스윙은 22에 3을 곱해서 66cm 정도, 클럽페이스로 공을 던지는 느낌으로….'

―툭

공은 살짝 떠서 그린에 떨어진 후 데굴데굴 굴러갔다. 그린의 경사 때문에 구르는 동안 살짝 휘는 바람에 원했던 방향으로 보내지는 못했지만, 퍼팅을 할 수 있는 거리만큼 공을 보냈다.

–19m

이제 남은 거리는 단 3m. 잘만 하면 한 번의 퍼팅으로 홀 아웃을 할 수도 있을 거리였다. 홍 대리는 퍼터를 들었다.

'남은 거리가 3m고 퍼팅에서는 한 걸음을 더해야 하니까 4 곱하기 3을 하면 백스윙은 12cm. 때리지 말고 굴려서….'

공은 홍 대리가 의도했던 방향대로 데구루루 굴러갔다. 그런데 힘이 살짝 부족했는지 안타깝게도 홀 코앞에서 멈추고 말았다.

홍 대리가 아쉬움의 한숨을 내쉬려는 순간 화면에 'Concede'라는 메시지가 떴다.

'컨시드?'

홍 대리가 영문을 몰라 당황스러워하자 김헌 사부가 설명을 해주었다.

"컨시드는 라운드할 때 상대편이 친 공이 홀에 아주 가까이 붙어서 그냥 한 타를 더해 퍼팅에 성공한 것으로 인정해주는 걸 말하지. 이번 퍼팅이 여섯 번째 샷이었으니 컨시드를 받아 7타로 마무리하게 된 걸세."

"그럼…."

"껄껄, 자네 작전대로 더블 보기로 홀 아웃한 셈이지."

"와!"

홍 대리는 기쁜 마음을 가눌 수 없었다. 18홀 중에 겨우 한 홀, 그것도 규정 타수보다 두 타나 더쳐서 넣은 것뿐인데 다른 그 어떤 운동에서도 맛보지 못했던 승리감이 들었다. 왜 사람들이 '골프, 골프' 하는지 조금은 알 것도 같았다.

"이제 나는 그만 가 봐야겠네."

"아, 저는 그럼 나머지 홀들마저 해 보고 가겠습니다. 사부님, 오늘 정말 감사합니다. 이렇게 늦은 시간까지…."

"공치사는 됐네. 토요일에 필드 나가서도 빈 스윙 꼬박꼬박 챙겨서 하고, 오늘 알려준 세 가지 욕심을 버려야 한다는 것 꼭 명심하게. 그럼 다녀와서 어땠는지 이야기해주러 한번 들르게."

"네? 그럼 오, 오늘이 마지막 수업인가요?"

"이제 물어볼 것 있으면 그때그때 찾아오게. 그냥 내킬 때마다 놀러 와도 상관없고 말이야."

10여 일간 김헌 사부에게 골프를 배우고 드디어 머리 올리기를 앞둔 상황에서 홍 대리는 그간 김헌 사부에게 너무도 궁금했던 한 가지 질문을 하지 않을 수 없었다.

"이렇게 저에게 도움을 주시는 이유가 무엇인지 여쭤봐도 될까요?"

"…."

김헌 사부는 그간 단 한 번도 보인 적 없는 난처한 기색을 보이며 잠시 침묵했다. 그러고는 말을 이었다.

"난 단지 예전의 나처럼 골프가 짐이 되어버린 사람들을 돕고 싶을 뿐일세."

'골프가 짐이 된다고?'

이전에 이윤아 부장도 김헌 사부가 이런 이야기를 하는 것을 얼핏 들은 적이 있다고 했었다.

"사부님, 어떤 일이 있으셨던 건지 여쭤봐도…."

"어허, 아까 분명 난 밤잠이 많은 사람이라고 이야기했지 않나?"

그렇게 돌아서는 김헌 사부의 뒷모습은 왠지 모르게 우수에 젖어 보였다.

김헌 사부가 돌아가고 나머지 홀을 모두 돌고 난 후 기록된 스코어는 138타였다. 파는커녕 보기 한번 없이 트리플 보기와 더블 보기를 오간 데다 몇 차례 더블 파까지 한 결과였다. 하지만 홍 대리는 비록 스크린골프이기는 해도 한 홀 한 홀 라운드를 하면서 비로소 골프의 재미를 깨달았다.

▶ 스크린골프와 필드골프의 상관관계

▶ 골프볼과 장갑

▶ 골프 의상에 대하여

▶ 파3, 퍼블릭, 정규 골프장 이용

드디어 토요일, 일찌감치 예약이 잡혀 있는 골프장에 와서 기다리고 있던 홍 대리는 이제 막 도착한 영업 2팀 최 팀장과 거래처 직원 두 명에게 허리를 굽혀 인사를 했다.

"오셨습니까, 최 팀장님! 그럼 오늘 신세 좀 지겠습니다."

"홍 대리, 일찍 왔네. 머리 올리는 사람 자세가 돼 있군, 하하하."

최 팀장은 일행에게 홍 대리를 소개해주며 오늘 처음 필드에 나왔으니 잘 좀 챙겨달라고 당부했다.

"그나저나 그 골프 가방 왠지 낯이 익은데?"

"아, 남윤창 과장님이 빌려주셨습니다. 아직 제 클럽이 없어서요. 로스트 볼이라며 공도 챙겨주시더라고요."

김헌 사부에게 퍼팅 게임을 배운 다음 날인 금요일 저녁이었다. 남윤창 과장은 퇴근하는 홍 대리를 자리로 부르더니 쇼핑백 하나를 건넸다.

"이거 내일 써라. 골프장에서 분실된 공을 재활용해서 파는 건데 우리 같은 아마추어들은 굳이 새 공 쓸 필요 없어. 사실 별 차이도 없고 말이야. 인터넷에서 개당 천 원 정도에 파는 거니까 부담 갖지 말고."

쇼핑백 안에는 서른 개가량의 골프공이 들어있었는데 사실 홍 대리는 그 전까지 골프공을 직접 챙겨 가야 한다는 사실조차 모르고 있었다. 집에 돌아가 검색을 해 보니 새것의 경우 열두 개들이 한 세트가 4~5만 원 선인 데 반해 필드에서 사용해도 무방할 만큼 상태가 양호한 로스트 볼의 경우 그 20~30% 가격에 살 수 있었다.

홍 대리가 남윤창 과장의 클럽을 빌렸단 이야기를 들은 최 팀장은 서운하다는 투로 말을 이었다.

"흠, 그래서 나한테 안 빌려줬구나. 내 클럽은 수리를 맡긴 터라 나도 남윤창 과장님한테 부탁했었거든. 결국 대여 업체에서 빌렸지, 뭐."

"클럽을 세트 채로 대여할 수도 있는 모양이군요?"

"요즘에야 워낙 골프 치는 사람이 많으니까 그런 것도 장사가 되는 모양인지 인터넷 뒤져 보면 업체가 꽤 많아. 예약하면 골프장에 시간 맞춰 배달을 해주는 데도 있고 말이야. 렌탈 비용은 대체로 7~8만 원 선인 것 같더라고."

윤길성 이사와의 골프 미팅 때까지는 남윤창 과장의 클럽을 빌려 쓰겠지만 이후 클럽을 사기 전에 혹여 필드에 나갈 일이 생겨도 믿을 구석이 생긴 홍 대리는 마음이 놓였다.

"홍 대리, 아무튼 너무 긴장할 필요는 없지만, 단단히 각오해야 할 거야. 골프란 게 연습장에서 하는 거랑 필드에 나와 하는 거랑 하늘과 땅 차이거든."

홍 대리는 첫 번째 홀의 티잉 그라운드에 서자마자 최 팀장의 경고를 곧장 실감할 수밖에 없었다. 스크린골프장에는 화면상에 코스 구성이나 쳐야 할 방향 등이 안내되어 있지만, 진짜 필드에는 그저 널따란 잔디만 펼쳐져 있을 뿐이었다.

게다가 벙커나 연못 등 해저드는 실제로 보니 훨씬 더 위협적이었다. 캐디 한 명이 동행하기는 했지만 처음 대면하는 진짜 골프장 전경에 압도되어버린 홍 대리에게 그의 충고는 귀에 들어오지 않았다.

그뿐만이 아니었다. 라운드가 진행되는 내내 계속해서 낯선 상황이 펼쳐졌다. 연습장에서는 드라이버 샷을 할 때 매트에 고정된 고무 티 위에 공을 올려놓고 쳤지만, 실제 필드에서는 직접 티를 꽂아 높이를 맞춰야만 했다.

또 아이언 스윙을 할 때도 공에 바로 맞지 않고 살짝 뒷부분에 떨어지는 경우 연습장에서는 매트가 단단하니 헤드가 밀리면서 공을 쳐 낼 수 있었지만, 진짜 잔디에서는 헤드가 그대로 땅에 박혀버려 공을 건드리지조차 못했다.

게다가 정말 신기하게도 벙커든 연못이든 해저드란 해저드에는 모두 공을 빠뜨렸는데 그러다 보니 전반 아홉 홀을 도는 동안 공을 스무 개 가까이 잃어버렸다. 홍 대리는 그제야 남윤창 과장이 왜 공을 그렇게 많이 주었는지 이해가 되었다.

홍 대리가 그렇게 사방팔방으로 공을 보내니 최 팀장을 비롯한 일행도 함께 따라다니느라 고생이 이만저만이 아니었다. 홍 대리는 민망한 마음에 더 잘 쳐야 한다는 부담감이 커졌고 그럴수록 샷은 점점 더 엉망이 되었다.

"이거 마셔, 꽤 어렵지?"

후반 아홉 홀을 앞두고 잠시 그늘집에서 한숨 돌리고 있을 때 최 팀장이 음료수 하나를 건네며 말을 걸었다.

"최 팀장님 말씀대로 실제 필드는 정말 다르군요."

"골프란 게 하면 할수록 더 어려워지는 것 같아. 나도 요즘 욕심만큼 스코어가 안 줄어서 돌아버릴 지경이야. 오늘도 영 그른 것 같아."

그러면서 최 팀장은 잔뜩 눈살을 찌푸리며 한숨을 내쉬었다.

이 순간 홍 대리는 문득 사부님의 말이 떠올랐다.

'난 단지 예전의 나처럼 골프가 짐이 되어버린 사람들을 돕고 싶을 뿐일세.'

그리고 지금 골프 때문에 괴로워하고 있는 자신의 모습을 깨달았다. 처음 필드에 나왔으니 아무리 준비를 철저히 한 사람도 낯설 수밖에 없는 노릇인데 그런 자신이 부끄럽고 남들 보기에 창피할까 봐 부담되었다. 애초에 잘하지도 못하면서 샷이 엇나갈 때마다 화를 내며 투덜거렸다.

그 모습은 예전에 남윤창 과장 따라 골프장에 갔다가 목격했던, 비싼 돈 내고 골프 치면서 죽상을 하고 있던 그 사람들과 다름없었다. 홍 대리는 김헌 사부가 가르쳐주었던 가장 큰 가르침을 까맣게 잊고 있었다.

●

"그래, 몇 타나 쳤나?"

홍 대리는 머리를 올린 다음 날 일요일 저녁에 다시 골프 학교를 찾았다.

"저, 그게…. 132타…."

"132타? 흠, 그럼 트리플 보기와 더블 파 사이를 오갔던 모양이군그래."

어제 전반 아홉 홀 동안 거의 더블 파만 기록하다 김헌 사부의 이야기를 떠올리고 마음을 고쳐먹은 홍 대리는 후반 아홉 홀에서 트리플 보기와 더블 보기를 번갈아 가며 기록한 결과 그나마 스코어를 많이 줄일 수 있었다.

"제 거래처와 잡힌 골프 미팅 전에 미리 머리를 올린 게 얼마나 다행인지 모르겠습니다. 정말 연습할 때와는 천지 차이더라고요. 게다가…."

"응? 게다가 뭐?"

"사부님 말씀대로 욕심을 버리는 게 얼마나 중요한지 몸소 깨달았습니다."

김헌 사부는 흐뭇한 듯 미소를 지어 보였다.

"그래, 결국 골프란 마음 바꿔 먹기에 달려 있지."

"마음 바꿔 먹기요?"

"멀리 날려야 하고, 똑바로 보내야 하고, 멋진 샷만 쳐야 한다는 마음을 바꿔 먹어야 하듯이 골프에는 마음을 바꿔 먹어야 할 것이 많아."

"또 어떤 것들이 있나요?"

"자네가 이제껏 배운 것처럼 롱게임, 숏게임, 퍼팅 게임에서 쓰이는 스윙은 그 운동과 목적이 각각 달라. 롱게임은 면오소턴, 숏게임은 한 축으로 그네 운동, 퍼팅 게임은 굴리기 이런 식으로 말이야. 그때그때 전에 했던 운동을 잊고 그 목적에 맞는 운동을 하겠다고 마음을 바꿔 먹어야 해."

홍 대리는 각각의 상황에 맞춰 올바른 목적의식을 갖는 게 얼마나 중요한지 경험을 통해 배워 알고 있었다.

"자네, 골프에서 가장 중요한 샷이 뭔지 아나?"

"가장 중요한 샷이라…. 글쎄요."

홍 대리가 생각하기에 드라이버 샷, 페어웨이우드 샷, 아이언 샷 그 어느 하나 중요하지 않은 샷이 없었다.

"골프에서 가장 중요한 샷은 다름 아니라 바로…."

홍 대리는 김헌 사부가 말을 잇기를 숨을 죽이고 기다렸다.

"다음 샷이라네, 허허허."

김헌 사부의 입에서 뜻밖의 대답이 나오자 홍 대리는 순간 허탈해졌다.

"다음 샷이라뇨? 그게 무슨 말씀이신지…."

"먼저 한 스윙으로 굿 샷을 했건 미스 샷을 했건 간에 이제 중요한 건 다음 샷이지. 요컨대 지난 샷으로 들뜨거나 실망하며 미련 두지 말고 닥쳐 있는 상황에서 어떤 샷을 쳐야 할지에 몰두하도록 마음을 바꿔 먹어야 한단 말일세."

▶골프 클럽에 대하여

▶골프라는 게임의 구성

홍 대리는 이제껏 골프를 배워 본바 한 타, 한 타 칠 때마다 주어진 상황에 맞는 운동이 무엇인지, 그리고 그 운동의 목적이 무엇인지, 어떤 클럽을 써야 하는지, 공의 위치는 어때야 하는지 등등 생각할 것이 너무도 많다는 것을 알고 있었다. 지난 샷에 마음을 빼앗긴 채로는 그러한 것들을 꼼꼼히 챙기기란 어려울 터였다.

"결국, 골프는 몸이 아닌 마음으로 하는 운동이란 것을 명심하게."

김헌 사부의 충고를 뒤로 한 채 골프 학교를 나와 거리에 선 홍 대리는 어제 간부급 미팅을 가진 이윤아 부장에게 전화를 걸었다.

"부장님, 주말에 쉬시는데 죄송합니다. 다름이 아니라 어제 미팅 어떻게 되셨는지 궁금해서 전화드렸습니다."

"대놓고 이야기하지는 않았지만 일단 제안서 내용에 대해서는 우리 쪽에 좀 더 후한 점수를 준 눈치였어요. 게다가 승리철강에서 간부급으로 나온 박 이사란 사람은 전에도 윤길성 이사님과 라운드를 했다가 진 경험이 있는지 지나치게 욕심을 부리더니만 결국 평소보다 못한 스코어로 자멸해버렸어요. 너무 악착같이 달려드니까 윤길성 이사님이 살짝 언짢아하는 것 같기도 했고요."

"아, 다행이네요."

"자, 이제 홍 대리가 할 일만 남았어요."

전화를 끊은 홍 대리는 하늘을 올려다보며 혼잣말을 했다.

"휴, 이제 일주일 남았구나."

<김사부의 원 포인트 레슨>

1. 숏게임 스윙은 풀 스윙과 다른, 한 축 그네다

골프는 풀 스윙으로 공을 멀리 보내는 것이 목적인 롱게임long game, 롱게임 이후 홀 가까이 공을 보내는 숏게임short game, 그린 위에서 공을 홀에 넣는 퍼팅 게임putting game으로 구성된다. 이 중 숏게임은 홀까지 대략 80~70m 정도 남았을 때부터 시작된다. 시중 레슨에서는 숏게임 스윙을 롱게임 스윙의 축소판이라는 식으로 가르치는 경우가 많다. 이러한 방식의 연습으로는 거리별로 수십 수백 번의 스윙을 연습해야 하는데 골프로 먹고사는 프로 골퍼가 아닌 이상 그만한 시간과 노력을 할애하는 것은 불가능하다. 아예 숏게임 스윙은 풀 스윙과는 다른 운동이라고 생각하라. 풀 스윙이 '면오소턴'이라면 숏게임 스윙은 그네 운동 그 자체다.

2. 낮게 던져 굴리기와 퍼팅 게임

낮게 던져 굴리기는 20m 안팎의 그린 주변에서 그린으로 공을 올리는 데 쓰이는 스윙이다. 따라서 게임 구성상에서 보면 숏게임의 영역에 속하기는 하지만 요구되는 정확도나 운동의 속성상 퍼팅 게임에 가깝다. 요컨대 낮게 던져 굴리기는 이름 그대로 던지기가 아니라 '굴리기'다. 공이 살짝 떠서 그린에 떨어진 후 홀을 향해 굴러가도록 해야 한다. 이에 비해 퍼팅은 이미 그린 위에 올라온 공을 치기 때문에 곧장 굴린다. 퍼팅 시 유념해야 할 것은 때리거나 미는 것이 아니라, 말 그대로 굴려야 한다는 것이다. 회전을 주어야 공의 방향과 거리를 조절하는 데 절대적으로 유리하기 때문이다.

3. 골프에서 포기해야 할 세 가지

스코어를 줄이고 싶은 사람이라면 반드시 포기해야 할 것이 세 가지 있다. 그것은 바로 비거리, 방향, 굿 샷이다.

○ 비거리를 포기하라

미스 샷이 나오는 가장 큰 이유는 실력보다 욕심을 내기 때문이다. 실력은 연습에 비례하기 마련이고 비거리도 마찬가지다. 무턱대고 공을 멀리 보내려고 할 것이 아니라 평소 연습해둔 스윙을 제대로 구현하는 데 집중해야 한다.

○ 방향을 포기하라

골프는 얼마나 멀리, 얼마나 똑바로 공을 쳐 내는지 겨루는 게임이 아니다. 어떻게든 공을 홀에 먼저 넣으면 된다. 칠 때마다 대중없이 아무 데로 날아가면 문제겠지만 공의 방향이 어느 정도 일관성만 있다면 빗나가는 만큼 조준점을 옮기면 그만이다. 굳이 직진성 타구를 고집할 필요 없다.

○ 굿 샷을 포기하라

그 누구도 매번 굿 샷만을 칠 수는 없다. 그런데도 많은 사람이 오로지 굿 샷만을 바라고 만족스럽지 않은 샷이 나오면 지나치게 좌절한 나머지 이어지는 샷까지 망쳐버리곤 한다. 우리가 바라야 하는 것은 굿 샷이 아니라 '유효샷'이며, 골프에서 가장 중요한 샷은 '다음 샷'이다.

PART 5

결전의 그날이 오다

슛게임에 승부를 걸어라

토요일에 윤길성 이사와의 골프 미팅이 잡혀 있는 한 주가 시작되는 월요일 아침. 홍 대리는 여느 때와 다름없이 사무실에 출근했다가 한 거래처와 면담 약속이 있어 지하철로 향하는 중이었다.

－우웅…

진동이 울려 핸드폰을 꺼내 보니 뜻밖에 서영규의 전화였다.

"어이, 홍 대리! 여기야."

홍 대리에게 전화를 건 서영규는 한영철강 사무실 근처 한 카페에 있다며 시간 많이 뺏지 않을 테니 잠깐 보자고 했다.

"무슨 일 때문에 보자고 한 거냐?"

"일단 앉아, 이 친구야."

의자에 앉지도 않은 채 용건부터 캐묻는 홍 대리를 바라보는 서영규의 태도는 느긋했다.

"그나저나 이 카페 하나도 안 변했네. 사무실도 여전하지?"

"용건이나 말해."

홍 대리는 지난번 윤서진네 회사 앞에서 만났을 때의 일을 떠올리면 잠시도 서영규와 대면하고 싶지 않았다.

"참 내, 알았다."

서영규는 그렇게 말하고는 커피를 한 모금 마셨다.

"제안을 하나 하려고 찾아왔어."

"제안?"

"사실 너한테도 해 될 것 하나 없는 제안이니 잘 들어 봐."

홍 대리는 골프 미팅이 며칠 안 남은 시점에서 서영규가 또 무슨 꿍꿍이를 벌이려고 이러나 싶어 불안했다.

"서진이 포기해라."

"뭐라고?"

홍 대리는 얼마 전 일로 윤서진이 자기에게 호감을 느끼고 있다는 사실을 알게 되었다. 서영규로 인해 생긴 오해 때문에 일이 틀어졌지만, 이번 골프 미팅 건을 마무리하고 나서 윤서진과의 관계를 발전시키기 위해 다시 한번 노력해 보려고 마음먹은 터였다. 그런데 서영규가 다짜고짜 윤서진을 포기하라고 말하니 홍 대리는 어처구니가 없었다.

"그럼 난 이번 입찰 포기하마. 윤길성 이사님한테 잘 말해서 골프 미팅도 없던 거로 해주고 말이야."

홍 대리는 아예 할 말을 잃었다.

"너 지푸라기라도 잡는 심정으로 오기 부려서 골프 미팅에 나오는 거잖아. 안 된 말이지만 한 달 배운 실력으로 필드 나와서 깝죽거려 봤자 오히려 윤길성 이사님 실망만 살 게 뻔해. 그리고 어차피 또…."

"또 뭐냐?"

"이번 일 잘못되면 네 문제만으로 끝나는 게 아니잖아? 애지중지 너 챙기는 남윤창 과장 생각도 해야지."

서영규는 이번 건이 실패하면 남윤창 과장에게도 여파가 미치게 된다는 사실까지 알고 있는 모양이었다.

"잘 생각해 보고 연락 줘, 더 늦기 전에 실속을 차리는 게 현명한 선택이 될 테니. 그리고 네가 상황 파악을 제대로 못 하고 있는 것 같은데 어차피 서진이는 너와 어울릴 만한 사람이 아니야."

'서진 씨가 나와는 어울리지 않는다고? 너처럼 잘난 부모에 학벌 좋은 놈이나 만날 수 있는 사람이란 말이냐?'

윤서진이 대신건설 윤길성 이사의 딸이라는 사실을 모르는 홍 대리는 그저 서영규가 자기 배경만 믿고 건방진 소리를 한다고만 생각했다.

"서영규, 잠깐."

홍 대리는 용건이 끝났다는 듯 자리에서 먼저 일어나려는 서영규를 불렀다.

“내 연락 기다릴 필요 없다. 토요일에 보자.”

그러고는 황당한 표정으로 멍해져 있는 서영규를 남겨둔 채 카페를 나섰다.

●

“또 오셨네요? 출근 도장 찍으셔야겠어요.”

윤길성 이사와의 골프 미팅이 있기 전날인 금요일 저녁, 홍 대리가 퇴근하자마자 직행한 회사 인근 행복골프훈련소의 직원이 친근하게 그를 맞았다. 홍 대리는 서영규와 만난 월요일부터 한 번도 빠짐 없이 이곳을 찾았다.

“오늘도 연습 모드로 하실 건가요?”

“네, 연습 좀 하다가 게임 할게요.”

타석에 들어선 홍 대리는 우선 피칭 웨지를 꺼내 들었다. 빈 스윙 위주로 풀 스윙 연습도 꾸준히 했지만 며칠째 스크린골프장에 오면서 그가 중점을 둔 것은 숏게임 연습이었다. 이는 지난번 머리를 올리고 골프 학교를 찾았을 때 사부가 해준 충고 때문이었다.

“연습을 너무 많이 하지 말게. 오히려 게임을 골프 라이프의 중심에 놓아야 하네.”

“네? 연습장에서 사람들이 미친 듯이 연습을 하던데요.”

"자세히 보면 그 사람들 연습을 하는 것이 아니라 연구를 하는 것이네. 세상에 어떤 운동이 그토록 연습의 비중이 높던가? 다들 잠깐 연습하다가 친구들이 모이면 게임을 하지 않던가?"

"그렇죠. 축구도, 농구도, 탁구도, 배드민턴도."

"그렇네. 골프도 게임을 중심에 놓아야 게임이 요구하는 바를 뼛속 깊이 이해하게 되는 걸세. 게다가 많은 사람이 오로지 풀 스윙 연습에만 몰두하는데 이는 어리석은 짓이야. 롱게임은 오랜 기간 꾸준히 연습해야 점진적으로 나아지기 때문에 단기간에 실력 향상을 기대하기 어려워. 사실상 아마추어 골퍼 수준에서는 롱게임을 자기 마음먹은 대로 운영한다는 것은 불가능에 가깝다네. 반면 숏게임은 연습한 만큼 바로바로 실력이 향상되지. 롱게임과 숏게임의 연습 비중을 반반 정도로 균형 있게 맞추어야 실제 라운드에서 좋은 스코어를 낼 수 있네."

이러한 김헌 사부의 충고도 있었지만, 지난번 머리 올리러 필드에 나갔을 때도 숏게임 스윙이 거리가 계속 들쑥날쑥한 바람에 크게 애를 먹기도 했다.

홍 대리는 피칭웨지, 샌드웨지 등을 번갈아 쓰면서 나름의 법칙을 수립하고 각각의 거리를 수첩에 기록했다. 다행히도 하면 할수록 클럽별 거리가 대략 비슷해지면서 클럽 교체에 따른 거리의 증감이 뚜렷해졌다.

'그래, 결국 내일 라운드의 성패는 숏게임에서 결정될 거야. 서

영규, 두고 보자.'

오늘 최종 스코어는 93타. 김헌 사부와 처음 스크린골프장에 갔을 때의 점수와 비교하면 그야말로 일취월장한 셈이었다. 그렇게 연습을 마치고 스크린골프장을 나서다 핸드폰을 확인해 보니 낯선 번호의 부재중 통화 한 건이 남아 있었다.

●

"서진이가 요즘 많이 힘들어해요. 홍 대리님도 알고 계셔야 할 것 같아서…."

번호의 주인공은 뜻밖에도 윤서진의 회사 동료인 최미영이었다. 윤서진이 홍 대리와의 일 때문에 괴로워하는 것을 곁에서 보다 못해 전화를 걸었다고 했다. 전화상 목소리만으로도 그녀의 안타까움이 전해졌다.

"저, 이런 이야기까지 해도 될지 모르겠지만…."

최미영은 한참을 망설이다가 다시 입을 열었다.

"서진이가 예전에 사귀던 사람이 한 명 있었는데요. 연애 초반에 사소한 오해로 헤어질 뻔했다가 가까스로 다시 계속 만나기는 했는데 그때의 일이 번번이 불거져 결국 헤어졌었거든요. 그 이후로는 연애다운 연애는 한 번도 해 본 적이 없어요."

홍 대리는 최미영이 자신에게 왜 이런 이야기를 하는지 도무지 알 수가 없었다.

"서진이가 홍 대리님에게 호감을 느끼고 있는 건 사실이에요. 그런데 지난번 서영규 과장과 함께 만났을 때 있었던 일 때문에 홍 대리님과의 관계를 발전시키는 게 많이 망설여지는 모양이에요. 요컨대 첫 단추를 잘못 끼웠다는 거죠."

"그랬군요. 그래서 그날도…."

홍 대리는 지난번 술에 취해 눈물을 쏟아내던 윤서진의 모습이 떠올랐다.

"솔직히 말씀드리면 저도 처음에는 객관적인 조건이 좋은 서영규 과장과 잘해 보는 편이 나을 거라 생각했어요. 그런데 서진이가 이러지도 저러지도 못하고 힘들어하는 모습을 보니 아무래도 홍 대리님에 대한 마음이 진심인 것 같아요."

"이렇게 전화 주셔서 감사합니다. 제가 좀 더 노력해 보는 수밖에 없을 것 같습니다."

전화를 끊고 홍 대리는 그때 자초지종을 들어보지도 않고 자리를 박차고 나왔던 실수가 새삼 뼈저리게 느껴졌다. 당장이라도 윤서진에게 연락을 해 자기 마음을 다시 한번 털어놓고 설득을 하고 싶었지만, 내일 당장 윤길성 이사와의 골프 미팅이 닥쳐 있었다. 일단 이 일이 잘돼야 윤서진과 만나기도 한결 떳떳할 터였다.

홍 대리, 골프로 다시 서다!

"너무 부담 갖지는 마."

예약이 잡힌 골프장으로 차를 몰고 가던 남윤창 과장이 홍 대리에게 말했다. 남윤창 과장은 아직 목발 신세라 라운드를 함께할 수는 없지만, 예의상 윤길성 이사를 직접 만나 불참 사실을 전하기 위해 함께 따라나섰다.

"이기고 지는 게 중요한 게 아니니까 말이야. 오늘 미팅 목적은 윤길성 이사에게 좋은 인상을 줘서 납품 수주에 유리한 상황을 만드는 거야."

"잘 알고 있습니다."

남윤창 과장은 회사 차원에서 중차대한 골프 미팅에 홍 대리 혼자 내보내는 게 내심 마음이 편치 않은 모양이었다.

"또 서영규가 너 골프 시작한 지 얼마 안 된 걸 알고 있으니 이래저래 거슬리는 짓을 할 게 안 봐도 훤해. 그놈 꾀에 말려들어서는 안 돼."

남윤창 과장이 서영규 이야기를 꺼내자 홍 대리는 윤서진을 떠올리지 않을 수 없었다. 어제저녁 최미영과의 통화를 통해 윤서진의 마음을 다시 한번 확인한 홍 대리에게 오늘 골프 미팅은 더 큰 의미가 있었다.

●

골프장에 도착하자 서영규가 먼저 그곳에 와 있었다.

"오랜만입니다. 남윤창 과장님."

"어, 그래. 서 과장."

남윤창 과장은 한때 자기 부하직원이었지만 초고속 승진으로 이제는 자신과 같은 직급에 오른 서영규를 마주 대하기가 껄끄러웠는지 인사만 나눈 채 화장실에 가야겠다며 자리를 피했다. 홍 대리는 목발을 짚고 기우뚱기우뚱 걸어가는 그의 뒷모습이 안쓰러웠다.

"이봐, 홍 대리."

홍 대리는 지난번 일로 기분이 상해 눈을 마주치지도 않고 딴청을 부리고 있었는데 서영규가 먼저 그를 불렀다.

"후회하지 않겠어? 지금이라도 말하면 그때 말했던 대로 해줄 용의가 있어."

"그 이야기라면 더는 하지 마라."

"쯧쯧, 서진이 앞에서 망신 한번 제대로 당해 봐야 정신 차리겠군."

'서진이 앞에서?'

홍 대리는 이 상황에서 서영규가 왜 갑자기 윤서진 이름을 들먹이는지 알 수가 없었다.

"그게 무슨 말이냐?"

"두고 보면 알아. 아, 마침 저기 오시네. 이사님, 여깁니다!"

저편에서 머리가 희끗희끗한 중년 남성이 골프복을 쫙 빼입고 둘을 향해 걸어오고 있었는데 한 여성이 썬캡을 눌러쓴 채 그를 뒤따르고 있었다. 가까이에서 보고 윤길성 이사를 따라온 사람이 누구인지 알게 된 홍 대리는 그 자리에서 몸이 굳어버렸다. 그녀는 바로 윤서진이었던 것이다.

어느 틈에 돌아온 남윤창 과장이 먼저 윤길성 이사에게 명함을 건네며 인사를 했다.

"한영철강 남윤창 과장입니다. 직접 모시고 싶었는데 제가 다리를 다치는 바람에…. 죄송합니다."

"네, 서영규 과장 통해 들었습니다. 몸도 불편한데 집에서 좀 쉬지 그랬어요. 어쨌건 그래서 대신 우리 직원 한 사람 데리고 왔지요. 윤서진 씨, 인사 나누세요."

"남윤창 과장님, 말씀 많이 들었습니다. 구매팀에서 일하고 있는 윤서진입니다. 잘 부탁드려요. 홍 대리님…. 잘 지내셨어요?"

남윤창 과장은 너무 당황스러운 나머지 할 말을 잊은 채 서 있는 홍 대리를 채근했다.

"홍 대리, 자네도 어서 이사님과 윤서진 씨한테 인사해야지. 홍 대리!"

"아…. 안녕하세요, 저는 한영철강 홍기덕 대리입니다. 그런데 서진 씨가 어떻게 여기에…?"

홍 대리가 가까스로 정신을 차리고 입을 열자 윤길성 이사가 대신 대답을 했다.

"아, 자네가 제안서 작성했다는 홍 대리군그래. 서진이 이 녀석도 대학 때부터 골프를 해서 나름 실력이 괜찮아. 또 한영철강과 승리철강에서 실무자들이 나오니 우리 실무자도 함께하는 게 좋을 것 같아서 말이야."

'서진이, 이 녀석…?'

회사 부하직원에게 쓰기에는 과하게 친근한 호칭이 아닌가 싶어 홍 대리는 고개를 갸우뚱했다.

"저, 이사님."

윤서진도 윤길성 이사의 말이 꺼림칙했는지 낮은 목소리로 그를 불렀다.

"하하하, 그래그래, 알겠어요, 윤서진 씨. 오늘 미팅도 업무의 연장이란 걸 내가 깜빡했군그래."

홍 대리는 둘이 하는 대화에서 뭔가 이상한 낌새가 느껴졌지만, 오늘 미팅 자리에 갑작스레 윤서진이 등장한 상황에서 그런 것까지 신경 쓸 겨를이 없었다.

"그나저나 홍 대리 자네는 골프 시작한 지 이제 한 달 됐다고?"

"아, 네."

"흠, 한 달이라…."

윤길성 이사의 얼굴에는 뭔가 미심쩍은 듯한 기색이 서려 있었다. 이때 서영규가 끼어들면서 말했다.

"이사님, 라운드 시작하기 전에 몸부터 좀 푸셔야죠."

"아, 서영규 군. 그럴까?"

아니나 다를까 서영규네 아버지가 윤길성 이사와 가까운 사이라는 소문이 사실인지 윤길성이 서영규를 부르는 호칭에서도 두 사람의 남다른 친분이 느껴졌다.

라운드를 함께할 네 사람은 골프 가방을 들고 이동했고 남윤창 과장은 걱정스러운 표정으로 그들의 뒷모습을 바라봤다.

•

그들이 자리를 옮긴 곳은 골프장 내에 마련된 연습 그린이었다.

"홍 대리, 뭐 하고 있나?"

연습 그린에 다섯 걸음 간격으로 나란히 티를 꽂고 있는 홍 대리의 모습을 본 윤길성 이사가 물었다.

"아, 제게 골프를 가르쳐주신 사부님이 라운드를 시작하기 전에 연습 그린에서 꼭 이렇게 해 봐야 한다고 하셔서…."

"사부님? 누군지 몰라도 그렇게 불릴 정도면 대단한 분인 모양이군. 그래, 어떻게 하는 건지 나도 좀 알려주게나."

"평상시 보폭으로 다섯 걸음마다 티를 꽂아놓고 거리별로 공을 세 개씩 쳐 보면서 그린 상태를 확인하고 그에 맞는 퍼팅의 리듬감을 찾는 겁니다."

"흠, 그럴듯하군그래."

홍 대리는 곱하기 3의 법칙에 따라 다섯 걸음 거리부터 시작해서 스무 걸음 거리까지 차례대로 세 번씩 퍼팅했다. 처음에는 거리가 들쑥날쑥했지만, 스윙 템포를 조절하다 보니 스무 걸음 퍼팅할 때쯤에는 대략 원하는 거리만큼 공을 보낼 수 있는 감을 찾을 수 있었다.

'그래, 이 정도면 됐어.'

퍼팅 연습을 끝내고 보니 윤서진도 저만치에서 그린 점검을 하고 있었다.

"서진 씨, 오늘 함께 오실 줄은 전혀 몰랐습니다."

홍 대리는 윤서진에게 다가가 어렵게 말을 꺼냈다.

"아, 네. 이사님이 실무자끼리 만나는 자리니 꼭 나와야 한다고 하셔서…."

"사실은 어제 최미영 주임님께서 전화를 주셨었습니다. 서진 씨가 요즘 많이 힘들어한다고, 저 때문에…."

홍 대리의 이야기를 들은 윤서진은 많이 당황했는지 순식간에 얼굴이 새빨개졌다. 이를 본 홍 대리도 아차 싶어 더 말을 잇지 못했다. 먼저 입을 연 것은 윤서진이었다.

"홍 대리님, 아무래도 우리는 첫 단추를 잘못 끼운 것 같아요. 홍 대리님이나 저나 더 힘들어지기 전에 마음을 정리하는 게 나을 것 같아요."

그날 이후 윤서진의 심경은 이미 최미영 주임에게 전해 들어 알고 있었지만, 막상 윤서진에게 직접 이야기를 듣자 홍 대리는 마음이 더 다급해졌다. 하지만 홍 대리가 뭔가 대꾸를 하려는 찰나에 윤길성 이사가 그들을 불렀다.

"자네들, 이제 슬슬 첫 번째 홀로 이동하자고!"

윤서진은 말없이 클럽을 챙겨 자리를 떴고 홍 대리도 하려던 말을 삼킨 채 그 뒤를 따를 수밖에 없었다.

●

홍 대리를 비롯한 일행 네 사람은 첫 홀의 티잉 그라운드에 도착해 제비뽑기를 했다.

“이사님께서 먼저 뽑으시죠?”

“그럴까?”

서영규의 제안에 윤길성 이사는 흔쾌히 응했다. 홍 대리도 지난번에 머리 올리기를 할 때 아마추어 경기의 경우 첫 홀의 티샷 순서는 보통 제비뽑기로 정하고 이후 홀부터는 전 홀에서 좋은 스코어를 낸 순서대로 먼저 티샷을 한다는 것을 배워서 알고 있었다. 그런데 이상하게도 남자 세 사람이 제비뽑기하는 동안 윤서진은 뒤에서 이를 바라보고만 있었다.

“서진 씨는…?”

“뭐야, 홍 대리. 여자들이 치는 티잉 그라운드는 저 앞에 따로 있다고. 남자랑 여자랑 똑같은 거리로 겨루면 아무래도 불공평하지 않겠어? 초보 아니랄까 봐 아주 티를 팍팍 내는군그래, 하하하!”

경험이 부족한 홍 대리가 빈틈을 보이자 서영규는 이때다 싶었는지 작정을 하고 망신을 주었다. 그리고 효과가 있었는지 윤길성 이사의 표정에 살짝 불편한 심기가 드러났다.

뽑기 결과 윤길성 이사, 서영규, 홍 대리 순으로 티샷 순서가 정해졌는데 윤길성과 서영규 모두 오랜 구력만큼 흠잡을 데 없는 드라이버 샷을 날렸다. 그리고 드디어 홍 대리의 차례가 왔다.

“후.”

홍 대리는 크게 숨을 내쉬며 타석에 들어섰다. 애써 긴장하지 않으려고 했지만 한 달여에 걸친 노력의 결과를 확인하는 자리였기에 부담이 느껴지지 않을 수 없었다. 게다가 예상 밖의 일이 벌어져 윤서진이 자신을 바라보고 있기까지 했다.

–부웅… 딱!

분명 공이 클럽에 정확히 맞기는 했다. 하지만 허공을 가르며 날아가던 공이 조금씩 오른쪽으로 휘어지기 시작하더니 러프 지역을 지나 홀 코스를 벗어났다. 결국, 오비를 낸 것이다.

"어이쿠, 오비가 나버렸네. 이사님이 홍 대리 이해 좀 해주십시오. 시작할 때는 다 저러죠, 뭐. 하하하!"

서영규는 이럴 줄 알았다는 듯 희희낙락대며 깐죽댔고 윤길성 이사의 표정은 무거워 보였다.

세 번째 홀을 마쳤을 때 홍 대리의 스코어는 지난번 머리 올리기를 했을 때만큼이나 엉망이었다. 드라이버 샷부터 오비를 냈던 첫 번째 홀은 물론이고 두 번이나 해저드에 빠진 두 번째 홀도 끝에 결국 더블 파를 기록했고, 세 번째 홀은 가까스로 트리플 보기를 기록했다. 그리고 그사이에 더프, 토핑, 생크 등 골프에서 범할 수 있는 실수란 실수는 모두 범했다.

그에 비해 연달아 파를 기록한 서영규는 윤길성 이사와 가벼운 농담을 주고받으며 여유롭게 게임을 이끌어갔다. 그리고 윤길성 이사와 윤서진도 별다른 미스 샷 없이 무난한 스코어를 기록했다.

그 결과 네 번째 홀을 시작할 즈음 홍 대리는 이제 클럽을 잡는 것조차 두려울 지경이 되어버렸다. 거보라는 듯 내내 흐뭇한 표정의 서영규를 향한 분노, 안타까운 시선으로 자신을 바라보는 윤서진에 대한 수치심 등이 겹쳐져 도저히 스윙에 집중할 수가 없었다. 정말 당장이라도 그곳에서 도망가고 싶은 마음뿐이었다.

그리고 비로소 지난 세 번째 홀에서 가장 좋은 스코어를 낸 서영규가 네 번째 티샷을 준비하고 있을 때였다.

–우웅…

홍 대리의 주머니 속 핸드폰에 짧은 진동이 울렸다. 눈치를 보여 슬쩍 확인했더니 뜻밖에도 김헌 사부의 문자메시지였다.

'골프는 마음 바꿔 먹기에 달려있음을 잊지 말게.'

'…아!'

홍 대리는 그제야 자신이 갑작스러운 윤서진의 등장으로 마음이 흔들려 김헌 사부의 가장 큰 가르침을 잊고 있었다는 사실을 깨달았다. 필드에 들어선 이상 잠시 모든 것을 잊고 오로지 라운드에 집중하도록 마음을 고쳐먹어야 했건만 이전 세 홀을 도는 내내 홍 대리 머릿속에는 윤서진 생각만이 가득했다. 한 달에 걸쳐 배웠던 요령들은 안중에도 없이 그녀에게 멋진 샷을 보여주고픈 욕심만 앞서 있었다.

서영규와 윤길성 이사는 네 번째 홀의 티샷에서도 제 실력을 발휘했다. 그리고 비로소 또다시 홍 대리의 차례가 돌아왔다.

"후우."

홍 대리는 길게 숨을 내뱉으며 타석에 들어선 후 일단 공에서 한발 물러나 빈 스윙을 했다.

'골프 스윙은 면을 따라 오른발쯤에 소리 나게 턴다.'

–부웅… 부웅

그리고 큼지막한 드라이버의 헤드가 바람을 가르는 소리를 확인하며 궤도의 최저점을 확인했다. 그러는 와중에 잠시 눈을 감고 머릿속에 타석 앞에 촛불이 죽 늘어서 있는 모습을 그려 보았다. 그리고 다시 공 앞으로 다가가 궤도의 최저점에서 공이 약간 왼쪽에 위치하도록 자리를 잡은 후 헤드가 최저점을 지나는 곳에 시선을 집중했다.

'공에게 마음을 빼앗겨서는 안 돼. 나는 지금 머릿속에 그렸던 촛불을 끄려고 하는 거야.'

그리고 마침내 홍 대리는 클럽을 들어 올려 백스윙을 했다.

–딱! 부웅

클럽은 좀 전에 빈 스윙을 했을 때처럼 공을 쳐 낸 후 바람 소리를 내며 허공을 갈랐다. 그리고 클럽에 맞은 공은 한눈에 봐도 오늘 홍 대리가 쳐낸 샷 중 가장 멀리 날아가고 있었다. 그런데 안타깝게도 방향이 살짝 빗나가는 바람에 공은 페어웨이 오른쪽의 러프 지역 언저리에 떨어졌다.

“이번에는 잘 쳤는데 아쉽구먼그래.”

윤길성 이사도 이번 스윙은 뭔가 달라 보였는지 홍 대리에게 다가와 위로의 말을 건넸다.

“아쉽기는요, 그래도 유효샷인 걸요.”

“유효샷?”

“네, 러프에 살짝 걸리기는 했어도 제가 원하는 스코어를 내는 데는 지장이 없으니까요, 하하.”

“허허, 이제 보니 홍 대리 재미있는 친구구먼.”

홍 대리와 윤길성 이사가 이야기를 주고받으며 함께 웃는 모습을 본 서영규는 고개를 갸우뚱하고 있었다. 분명 지난번 홀에서까지만 해도 계속 안절부절못하며 실수를 연발하고 그때마다 주눅든 기색을 감추지 못하던 홍 대리가 갑자기 돌변했기 때문이었다.

●

홍 대리의 플레이는 그때부터 완전히 달라졌다.

유효샷이 목표가 되면서 부담감에서 벗어나 몸의 긴장이 풀려 스윙이 부드러워졌고 이에 따라 미스 샷이 현저히 줄었다. 특히, 그린 근처 페어웨이 지역으로 공을 보낸 후 숏게임에 들어서면 거의 어김없이 한두 번의 샷으로 퍼팅이 가능한 상황을 만들었다.

지난 일주일간 매일같이 스크린골프장에서 숏게임 스윙을 집중적으로 연습했던 보람이 빛을 발하는 순간이었다.

네 번째와 다섯 번째 홀에서 각각 보기와 더블 보기를 기록한 홍 대리가 파3인 여섯 번째 홀에서 드라이버 샷 이후 50m가량 남은 상황에서 피칭웨지로 스윙 준비를 하고 있을 때였다.

"희한하군. 초짜들이 가장 헤매는 게 숏게임인데 말이야. 서진아, 저 친구 골프 어디서 배웠다던?"

그 모습을 바라보던 윤길성 이사가 곁에 있던 윤서진에게 물었다. 세 번째 홀까지 도는 동안 홍 대리가 실수를 연발하자 연습 그린에서 자기가 한 말 때문에 그러는 게 아닌가 싶어 마음이 불편했던 윤서진도 이제는 한결 마음이 놓였다.

"글쎄요, 아빠가 한번 물어보세요."

"흠, 그럴까?"

두 사람이 대화를 나누는 사이 홍 대리는 피칭웨지로 이번에도 홀에서 10m 남짓 떨어진 곳까지 공을 보냈다.

"이봐, 홍 대리."

다음 샷을 위해 이동하던 중 윤길성 이사가 홍 대리에게 말을 건넸다.

"자네, 골프 시작한 지 한 달밖에 안 됐다는 게 정말인가?"

"아, 네. 이전부터 배워야겠다고 생각은 하고 있었는데 오늘 미팅을 기회 삼아 작정하고 배웠습니다."

"허, 그것참, 한 달 만에 이만큼 치다니 자네 정말 대단하군."

"가, 감사합니다!"

홍 대리는 윤길성 이사의 칭찬에 마음이 벅찼다. 한 달여간 퇴근 후에도 주말에도 골프에 전념했던 보람이 있었다.

"아까 자네가 말한 사부님이란 분에게 무슨 특별한 교습법이라도 있는 겐가?"

윤길성 이사의 질문에 홍 대리는 무언가를 생각하는 듯 잠깐 머뭇거리다 다시 입을 열었다.

"외람된 질문입니다만 이사님께서는 골프에서 가장 중요한 샷이 무엇이라고 생각하십니까?"

윤길성 이사는 홍 대리의 뜬금없는 질문에 당황스러운 기색을 보였다.

"골프에서 가장 중요한 샷이라…. 글쎄, 뭐니 뭐니 해도 드라이버 샷이 가장 중요하지 않겠나? 첫 단추를 잘 끼워야지."

첫 단추라는 말에 홍 대리는 윤길성 이사 곁에서 함께 걷던 윤서진을 바라보았다.

"첫 단추를 잘 끼우는 게 중요하지만, 혹여 그렇지 못했다고 해서 게임을 포기할 수는 없지요. 그래서 제 사부님께서는 골프에서 가장 중요한 샷은 '다음 샷'이라고 가르쳐주셨습니다."

"다음 샷?"

"드라이버 샷이 굿 샷이 되어도 이어지는 샷들이 엉망이 되면 좋은 스코어를 낼 수 없을 겁니다. 반대로 드라이버 샷이 만족스럽지 않더라도 마음을 다잡아 다음 샷에 성공하면 실수를 만회할 수 있겠지요. 그래서 골프에서 제가 집중해야 할 샷은 오로지 다음 샷입니다."

윤길성 이사는 홍 대리의 이야기를 듣고는 고개를 끄덕였다. 그리고 홍 대리는 윤서진을 바라보며 말을 이었다.

"저는 절대 첫 단추를 잘못 끼웠다고 게임을 포기하는 어리석은 짓을 하지 않을 겁니다."

윤서진은 당황스러운 듯 걸음을 재촉했다. 하지만 그 순간 홍 대리는 윤서진의 얼굴에 희미하게 번진 미소를 확인할 수 있었다. 서영규 때문에 오해가 생겼던 지난번 만남 이후로 그녀의 웃는 모습을 본 것은 이번이 처음이었다. 홍 대리는 그 미소 하나로 이제 그녀의 마음을 돌릴 수 있을 거라는 자신감이 생겼다.

"하하하. 이 친구, 마음에 드는군. 퍼팅 마무리 잘하게."

걸음 수를 세 보니 열네 걸음 정도였다. 홀을 지나칠 정도의 힘이 실어야 해서 여기에 한 걸음을 더하면 열다섯 걸음 거리를 보내야 했다. 그럼 백스윙은 45cm. 홍 대리는 호흡을 가다듬고 비로소 퍼팅했다.

–톡

"어, 어…."

공이 홀을 향해 똑바로 굴러가자 이를 본 서영규는 당황스러운

기색을 감추지 못했고, 다른 사람들도 숨을 죽이고 이를 지켜봤다.

– 땡그랑

"나이스 파!"

공은 결국 홀에 명중했고 윤길성 이사와 윤서진이 이구동성으로 축하의 말을 외쳤다. 홍 대리가 골프를 시작한 이래 첫 번째로 파를 기록한 것이다. 윤길성 이사는 홍기덕의 어깨에 팔을 두르며 기분 좋게 웃었다.

"정말 대단해. 골프채 잡은 지 이제 한 달인데 파를 치다니. 다음에 만날 때는 같이 스크린골프라도 한 게임 같이하세나. 자네 사부님 이야기도 좀 더 듣고 싶고 말이야."

홍 대리는 다시 만나자는 윤길성 이사의 말에 귀가 번쩍 뜨였다.

"다음에 또 만나자는 말씀은…?"

"이번 납품 건에 대해 자세한 이야기를 하려면 다시 봐야지 않겠나."

"그럼 이번 지하철역 납품 건을 저희에게 맡겨주시는 겁니까?"

홍 대리는 윤길성의 갑작스러운 이야기에 흥분하여 목소리가 높아졌다.

"그래, 이 사람아. 귀청 떨어지겠네, 허허허."

"아, 죄송합니다. 하지만 오늘 미팅 이후에 저희와 승리철강 중의 한 곳을 고르시기로 하지 않으셨던가요?"

"흠, 그랬지. 지금까지 한영철강과 승리철강을 저울질했던 것은 객관적인 조건이 같기 때문이었네. 그런데 자네가 작성한 제안서 내용을 보니 승리철강 제안서보다 우리에게 유리한 면이 많더군. 승리철강 측에도 그런 부분을 이야기했네만 그렇게까지는 맞춰줄 수가 없다고 했고 말이야."

"아…. 그럼 오늘 미팅은 왜…."

"아무리 유리한 조건이라 해도 실무 담당자가 어떤 사람인지 봐야 하지 않겠나? 정말 믿고 맡길 수 있는 사람인지 말이야. 이윤아 부장이 자네에게 애정이 각별한지 골프 배울 때 보니 열의가 아주 대단한 친구라면서 오늘 잘 좀 봐주라고 신신당부를 하더군. 그런데 오늘 보니 그게 빈말이 아니군그래."

홍 대리는 새삼 골프를 시작하길 잘했다는 생각이 들었다. 골프로 인연을 맺지 않았다면, 한참 상사인 이윤아 부장과는 얼굴 한번 마주하기조차 어려웠을 것이기 때문이었다.

"하지만 사실 아무리 유리한 조건이라 해도 담당자가 어떤 사람일지 몰라서 내심 걱정을 했는데 오늘 보니 이윤아 부장 말마따나 자네라면 믿을 만하겠어. 앞으로 잘해 보세."

"이사님, 감사합니다! 이번 납품 차질 없이 진행될 수 있도록 최선을 다하겠습니다."

"이 친구야, 일 이야기는 다음에 만나서 자세히 나누자고. 하던 골프는 마저 해야지. 자네 퍼팅할 차례야."

18홀을 모두 마친 홍 대리는 자신의 스코어카드를 바라보며 흐뭇한 미소를 지었다.

–99타

골프를 시작한 지 한 달, 단 두 번의 필드 경험으로 사람에 따라서는 몇 년씩 걸리기도 한다는 100타를 깬 것이다. 게다가 오늘 골프 미팅의 목적이었던 납품 건도 잘 해결되었다. 홍 대리는 뛸 듯이 기뻤지만, 마냥 마음이 편치는 않았다. 윤서진의 마음을 돌려야 하는 숙제가 남아 있었기 때문이었다. 하지만 운명의 신은 또 한 번 홍 대리의 손을 들어주었다.

홍 대리 일행이 모든 홀을 마치고 클럽하우스로 돌아오는 길이었다. 윤서진이 홍 대리에게 먼저 슬며시 말을 걸어왔다.

"진심이신가요?"

"네?"

"아까 절 보며 첫 단추를 잘못 끼웠다고 게임을 포기하지는 않을 거라고 하신 말…."

홍 대리는 결의에 찬 눈빛으로 고개를 끄덕였다.

"물론입니다. 제가 멋모르고 한 오해 때문에 서진 씨가 많이 힘들었다는 것 알고 있습니다. 하지만 제가 서진 씨를 생각하는 마음이 단지 그런 이유로 포기할 정도밖에 되지 않았다면 애초에 제 마음을 털어놓지도 않았을 겁니다."

윤서진은 홍 대리의 말에 마음이 움직인 듯 살짝 눈시울을 붉혔다.

"골프를 시작하고 몇 년이 지나도 계속 100타를 깨지 못하는 사람을 계백 장군이라고 부른다고 하더군요. 저는 그걸 단 한 달 만에 해낸 사람입니다. 믿어주십시오. 서진 씨가 걱정하는 문제쯤이야 거뜬히 이겨낼 수 있습니다."

윤서진은 자신을 진정시키려는 듯 잠시 침묵을 지키다 다시 홍 대리를 바라보았다.

"연습 정말 많이 하셨나 봐요."

"아, 한 달간 일하랴 골프 배우랴 정신없었죠, 뭐. 지난 일주일은 퇴근하고 거의 스크린골프장에서 살다시피 했고요."

그러자 윤서진이 눈을 반짝이며 말했다.

"홍 대리님, 그럼 저도 다음에 스크린골프장 한번 데려가 주실래요? 저는 아직 한 번도 안 가 봐서요."

순간 홍 대리는 발길을 멈췄다.

"네? 서진 씨, 그럼 제 마음을…."

윤서진은 부끄러운지 홍 대리의 말이 채 끝나기도 전에 앞서 걷고 있던 윤길성 이사를 향해 가버렸다. 그 옆으로는 어깨를 축 늘어뜨린 서영규가 걷고 있었다. 서영규는 홍 대리가 분발하기 시작하면서 급작스레 스윙에 난조를 보이더니 결국 100타를 훌쩍 넘는 스코어를 내고 말았다. 홍 대리가 나중에 알게 된 사실이지만 서영규는 이미 납품 업체가 한영철강으로 결정되었다는 사실을 알고 있었다. 그런데도 그가 굳이 라운드를 함께한 것은 홍 대리가 엉망진창으로 플레이를 하면 윤길성 이사가 실망하여 마음을 돌릴지도 모른다는 실낱같은 희망과 적어도 윤서진 앞에서 망신을 줄 수는 있을 거라는 기대 때문이었다. 하지만 결과는 그의 예상과는 정반대로 펼쳐졌다.

홍 대리는 드넓은 필드에 멈춰 서서 앞서 멀어져가는 일행 위로 펼쳐진 저녁 하늘을 바라보았다. 그렇게 멍하니 붉게 물든 노을을 바라보고 있자니 바로 얼마 전에 골프 때문에 위기에 빠졌던 자신이 결국 골프로 모든 문제를 해결해냈다는 사실이 떠올라 한편으로는 우습기도 했지만, 스스로가 너무도 대견했다. 그리고 벅차오르는 마음을 가누며 일행을 향해 걸음을 재촉했다.

그날 골프 초짜 홍 대리가 한 달 사이에 머리를 올리고 100타를 깨면서 서영규의 코를 납작하게 만든 이 일대 사건은 철강 업계에서 다윗과 골리앗의 싸움에 비유되면서 골프 천재 홍 대리의 첫 번째 신화로 기록되었다.

골프 천재가 된 홍 대리 1

초판 1쇄 인쇄 2010년 10월 11일
개정판 1쇄 인쇄 2022년 11월 9일
개정판 1쇄 발행 2022년 11월 16일

지은이 김헌
펴낸이 김선식

경영총괄 김은영
콘텐츠사업7팀장 김민정 **콘텐츠사업7팀** 김단비, 권예경
편집관리팀 조세현, 백설희 **저작권팀** 한승빈, 김재원, 이슬
마케팅본부장 권장규 **마케팅1팀** 최혜령, 오서영
미디어홍보본부장 정명찬 **홍보팀** 안지혜, 김민정, 오수미, 송현석
뉴미디어팀 허지호, 박지수, 임유나, 홍수경 **디자인파트** 김은지, 이소영
재무관리팀 하미선, 윤이경, 김재경, 안혜선, 이보람
인사총무팀 강미숙, 김혜진
제작관리팀 박상민, 최완규, 이지우, 김소영, 김진경, 양지환
물류관리팀 김형기, 김선진, 한유현, 민주홍, 전태환, 전태연, 양문현, 최창우
외부스태프 편집 퍼블루션 디자인 날마다작업실 일러스트 오동진

펴낸곳 다산북스 **출판등록** 2005년 12월 23일 제313-2005-00277호
주소 경기도 파주시 회동길 490 다산북스 파주사옥
전화 02-702-1724 **팩스** 02-703-2219 **이메일** dasanbooks@dasanbooks.com
종이 IPP **인쇄** 북토리 **코팅 · 후가공** 제이오엘앤피 **제본** 다온바인텍

ISBN 979-11-306-9510-5 (04690)
(세트) 979-11-306-8094-1 (04690)

• 책값은 뒤표지에 있습니다.
• 파본은 구입하신 서점에서 교환해드립니다.

다산북스(DASANBOOKS)는 독자 여러분의 책에 관한 아이디어와 원고 투고를 기쁜 마음으로 기다리고 있습니다.
책 출간을 원하는 아이디어가 있으신 분은 다산북스 홈페이지 '투고 원고'란으로 간단한 개요와 취지, 연락처 등을 보내주세요.
머뭇거리지 말고 문을 두드리세요.